哲学基础入门

基础入门

有趣的哲学家和
哲学思维

杨闯世　隋晶——著

中国纺织出版社有限公司

内 容 提 要

哲学不是单纯的知识，而是贯穿人生始末的终极追问，是一种思维方式。没有哲学思维，我们在处理生活中遇到的各种问题时，就像在捡起散落在地上的铜板，只能停留在就事论事的水平，无法高屋建瓴。哲学无法为我们提供确定的答案，但在我们遇到问题、难以决策时，它可以成为一种指引，让我们借由哲学家们的不同态度，以及各式各样的哲学观点，拨开心中迷雾，探寻生命中什么东西对自己而言是最重要的，继而作出忠于自己的选择，过好独属于自己的人生。

图书在版编目（CIP）数据

哲学基础入门：有趣的哲学家和哲学思维／杨闯世，隋晶著 . —— 北京：中国纺织出版社有限公司，2023.1（2024.5重印）
ISBN 978-7-5180-9907-8

Ⅰ . ①哲… Ⅱ . ①杨… ②隋… Ⅲ . ①哲学—通俗读物 Ⅳ . ① B-49

中国版本图书馆 CIP 数据核字（2022）第 181132 号

责任编辑：郝珊珊　　责任校对：高　涵　　责任印制：储志伟

中国纺织出版社有限公司出版发行
地址：北京市朝阳区百子湾东里A407号楼　邮政编码：100124
销售电话：010—67004422　传真：010—87155801
http://www.c-textilep.com
中国纺织出版社天猫旗舰店
官方微博 http://weibo.com/2119887771
天津千鹤文化传播有限公司印刷　各地新华书店经销
2023年1月第1版　2024年5月第2次印刷
开本：880×1230　1/32　印张：8
字数：202千字　定价：58.00元

当有人提议和你聊一聊哲学时，你的第一感受是什么？

如果你很乐意聊一聊，且对哲学有一定的认识，并曾以哲学的视角和思维去审视过生活中的一些问题，那么我感到很荣幸，能借助这本小小的哲学书与你的思想进行互动与联结。

如果你的脑海里出现的是这些词语：枯燥乏味、晦涩难懂、高深莫测、脱离世俗……没关系，我也可以理解，且不会感到惊讶。毕竟，多数人对哲学的第一印象，都和那些性格古怪、思想艰深的哲学家们有关，他们被供奉在常人难以企及的神龛之上，令人敬而远之；而他们总结出的那些哲学理论，也犹如神庙上的神谕，听起来与现实生活相距甚远，令人费解。

为什么我们会对哲学产生误解呢？我以为，有两方面的原因比较容易引发共鸣：

一、哲学的争论大都是在抽象词汇的语义上进行的，这使得我们感觉哲学枯燥晦涩。

二，陷入彷徨困惑之境时，哲学无法直接地提供解决方案，这使得我们认为哲学无用。

不可否认，这是哲学带给人的直观感受，但并不意味着这是哲学的全貌。

任何具体的学科或学问，都致力于解决具体的问题，满足人们在某一方面的需求。从这一层面来看，哲学的确没办法作为直接解决问题的工具，因为哲学从来都不是单纯的知识，也不追问某一具体的事物；它是没有标准答案的终极追问，是寻根究底之学，深入的是事物的本质，追问的是具有普遍指导意义的客观规律。

尽管哲学无法直接为我们提供确定的答案，可当我们难以决策、身陷囹圄时，却可以透过哲学家们的不同态度以及各式各样的哲学观点，拨开心中迷雾，看清自我救赎的道路，作出忠于自己的选择。

当你为了痛苦之事耿耿于怀时，哲学无法让痛苦的事消失，但它会提示你："如果生活让你感到痛苦，那就去反省并去除自己的意见和观念，是它们使你痛苦，而不是生活本身。"

当你为了口腹之欲放纵自我时，哲学不会直接拿掉你手中的食物，但它会劝告你："每一种快乐由于其自然吸引力，都是某种善，但并不是每一种快乐都值得选择。"

哲学离生活从来都不远，生活中的一切疑惑，都可以

哲学基础入门：有趣的哲学家和哲学思维

在哲学中找到答案。

此时此刻，你于茫茫书海中翻开这本小小的哲学书，我实感荣幸和喜悦，也真心期望不辜负与你的这一场相遇。哲学犹如一位诚挚可信的指路人，从不会迎合我们的一时之需，却总致力于为我们提供长远的、终极的、受益一生的思考方法。借由这本小书，愿你能在哲学家们的思考与追问中，与自己的灵魂对话；通过支配自己的价值观，支配未来的生活与选择。

杨闯世　隋晶

2022 年 6 月

目录
Contents

哲学的终极追问 1   世界的本质是什么？

水生万物，"神"第一次被抛弃 — 2

看见数与哲学，看见对立与统一 — 6

世界是一团永恒的活火 — 9

只有原子与虚空，没有不死的神灵 — 12

现实世界是理念世界的影子 — 16

宇宙间唯一的实体就是宇宙本身 — 21

精神与物质是两个永恒的实体 — 23

"绝对精神"创造了世间万物 — 26

世界的本质是运动不止的绵延 — 30

过程就是世界，世界就是过程 — 33

存在是客观实体，是万物的本质 — 36

世界是我的表象，意志是世界的本质 — 39

物质是第一性的，意识是第二性的 — 44

凡是可说的都可以说清楚，凡是不可说的就要保持沉默 — 46

哲学的终极追问 2   "我"到底是谁？

没有"自我"，就无法认识外界的一切 — 50

上帝死了，一切价值由人自己建立 — 53

存在即是被感知，观念不能离开人的心智 — 58

人只有在与自然的联系中才能理解自己   60

没有我的知觉，就没有事物的本质   62

每个人认识的世界，都是个人的世界   65

想要确立自己的本质，只能依靠行动   67

人是能思考的芦苇，可以设计自己的命运   70

存在着的物就是人，唯有人存在着   71

哲学的终极追问 **3** 什么是真正的自由？

自由意志是深思熟虑后，余留下来的欲求或厌恶   78

放弃迷乱心智的外物，借由理性通往自由   81

控制心灵比肉体惩罚更能令人心生畏惧   83

自由是指我们知道自己正在做什么   85

把握自己的自由，创造自己的命运   88

人生而自由，却无所不在枷锁之中   89

自由是人性的天赋，不应该受到任何侵犯   91

自由意味着选择，选择意味着责任   93

哲学的终极追问 **4** 哲学是感性还是理性的？

长跑健将阿喀琉斯永远也追不上乌龟   98

一切都是流动的，都在不断地变化   101

审美是直观的，人们可以通过艺术摆脱痛苦   104

不要依靠成见下结论，任何时候都要用大脑去思考   106

信仰与理性相矛盾时，信仰应当服从理性   110

用理性来批判一切偏见，无论这些偏见来自何方   112

合乎理性的东西都是现实的，现实的东西都是合乎理性的   116

心灵的对象除了知觉以外，没有其他东西   117

哲学家若不能成为帝王，就让帝王成为哲学家   121

火可以毁灭我，但它必将照亮真理   123

哲学的终极追问 5   为什么要"怀疑一切"？

我爱我的老师，但我更爱真理   128

万事万物都是值得怀疑的   130

研究哲学的目的，在于认识事物的原因   133

我在怀疑，我思想因而我存在   135

认识自然，归纳法比演绎法更可靠   140

普遍性的结论，不能仅通过个别事实来证明   143

根据经验得来的一切推论都是习惯的结果   145

用较少的东西即可完成的事，无须浪费更多   147

哲学的终极追问 6   如何界定道德？

不要用《圣经》理解道德，要用道德理解《圣经》   152

爱是道德的核心与最高原则   153

对世界的爱是贪爱，对"至善"的爱是纯爱   155

有德之人始终强大，罪恶之人始终弱小   157

美德是唯一的善，做正确的事才是最重要的　　　　　　　158

崇高的目的是让心灵获得自由与完整性　　　　　　　　160

我对他人负有绝对的责任，但他人并不因此对我产生责任　163

想左右他人先左右自己，认识自己方能认识人生　　　　165

哲学的 终极追问 **7**　　我们该怎样生活？

生活有基础性的选项，但个人选择可以有差异　　　　　　168

回归内在的心灵，为思想的宁静自由而努力　　　　　　170

不沉湎于物质的享受，过有节制的修行生活　　　　　　172

每一种快乐都是某种善，但不是每一种快乐都值得选择　174

享乐要节制，拒绝一切不合时宜的快乐　　　　　　　　177

我们有权保护私有财产，也有义务不去侵犯他人　　　　179

以别人喜欢听的方式，讲述自己想表达的东西　　　　　182

走出女性的"他者"地位，个体是生而自由的　　　　　184

走自己的路，让别人去说吧　　　　　　　　　　　　187

死亡不值得恐惧，用理性规划自己的生活　　　　　　　189

人当自己决定死亡的时间和地点　　　　　　　　　　　190

向死而生，才能从容不迫地面向死亡　　　　　　　　　191

哲学的 终极追问 **8**　　如何获得知识？

未经反省的人生是不值得过的　　　　　　　　　　　　196

认识自然万物的本性，打破内心的恐惧　　　　　　　　198

尊重自然，用知识去认识和利用自然　　　　　　　　199

做学问要学蜜蜂，对知识进行消化、吸收和创造　　201

知识越是渊博，越是深感自己知识不足　　　　　　203

心灵是一块白板，所有的观念都源自经验　　　　　204

学者在研究过程中应当做到价值中立　　　　　　　207

理解知识不能够脱离具体的历史环境　　　　　　　209

认识美好的事物是意见，认识美本身才是知识　　　211

人的教育和事物教育，必须服从自然的指导　　　　213

用体育锻炼身体，用音乐陶冶心情　　　　　　　　215

哲学的终极追问 9　　幸福的秘诀是什么？

要从悲剧中解脱，唯有在哲思中忘我和禁欲　　　　218

把对上帝的爱，变为对人的爱　　　　　　　　　　220

世界的确很荒谬，但这不能阻止我们快乐　　　　　222

幸福难以度量，人与人的苦乐并不相通　　　　　　226

正确的便是善的，善的行为可以增进幸福　　　　　229

事物不能拂乱灵魂，人生不过一种意见　　　　　　232

保持"不动心"的态度，便能寻得幸福　　　　　　234

让灵魂安宁，用理性找到发自内心的快乐　　　　　237

婚姻就像鞋子，合不合脚只有自己知道　　　　　　240

把眼前的麦穗拿在手里，才是实实在在的　　　　　242

哲学的 1
终极追问

世界的本质
是什么？

水生万物，"神"第一次被抛弃

✍ 站在阴沟里仰望星空的人

奥斯卡·王尔德说："我们都生活在阴沟里，但仍有人仰望星空。"

出生在小亚细亚爱奥尼亚西岸米利都的泰勒斯（约公元前624—前546年），就是仰望星空的人之一。他热衷于研究哲学和自然，博学多才，被誉为希腊的"七贤"之一，与梭伦齐名。

据说，有一天晚上，泰勒斯走在旷野之间，抬头看星空，看到了满天星斗，他便预言第二天会下雨。就在他预言的时候，没看见脚下有个坑，于是他扑通就掉了进去，险些要了命。好心人路过，将其救了起来。这时，泰勒斯说："谢谢你把我救起来，可你知道吗？明天会下雨。"

后人把这件事纳入了哲学家笑话之中，嘲笑哲学家只知道天上的事情，却不知道脚下发生了什么事。可是，2000年以后，德国哲学家黑格尔却说："一个民族只有有那些关注天空的人，这个民族才有希望。如果一个民族只关心眼下脚下的事情，这个民族是没有未来的。"

正因为泰勒斯心中只想着 "天空的事"，他才能够成为希腊智慧第一人。

✒ 水生万物，万物复归于水

早期的爱奥尼亚哲学家们，总希望能在变化不已的自然现象中找出不变的本体。然而，对于"宇宙的根源是什么"这一问题，神话的解释根本无法满足人的好奇心。和这些人一样，泰勒斯也想在宇宙间的各种质料中找到答案，他平生没有留下什么著作，如果非要用一句话来总结他的哲学，那么"水生万物，万物复归于水"再合适不过了。

水、火、气、土，是自然界中最常见的四种元素，泰勒斯认为，水是这四种元素中形式变化最明显的：水冷到冰点时可以转化成固体冰，热到沸点时可以转化成气体。液体、固体、气体，这三种状态可以说明大部分的具体事物，最重要的是，任何有生命的东西都需要水才能生存。

除了这一论据之外，泰勒斯还有一些早年在埃及游历时观察洪水的心得。当时，他仔细阅读了尼罗河每年涨退潮的记录，并亲自查看洪水退后的现象。他确实有了很大的发现：每次洪水退后，不仅会留下大片的淤泥，更重要的是，在淤泥中存在着许多微小的胚芽和幼虫。看到这一现象，再联想起埃及人原有的宇宙神话，他得出了"水生万物"的结论。

这样的结论，在2000多年前的古希腊，俨然有着石破天惊的力量。在此之前，人们一直以神话来解释这个世界，还从未有谁用经验所及之物来说明万物的起源。他的结论，简直就是一场思想变革的标志。《科学史》的作者、著名科学史家W. C. 丹皮尔在评价泰勒斯时这样说道："他第一次从大自然中寻找自然的本原，而不是再拿神话故事说教来解释这个大千世界了，泰勒斯第一次远离了神甚至是抛弃了神。"

✎ 神明的力量灌注于世间万物中

如果说，任何有生命的东西都需要水才能够生存，那么没有生命的东西呢？

对此，泰勒斯又提出一个观点：世界充满神明。也就是说，神明的力量灌注于世间万物中，无生命的东西也可能是"活的"。泰勒斯曾经用磁石与琥珀做实验，发现这两种物体可以吸引铁片，便确信它们的内部有生命力，只不过人的肉眼看不见而已。由此，泰勒斯得出一个结论：<u>任何一块石头，即便看起来冰冷坚硬、毫无生气，也有灵魂蕴含其中。</u>

米利都学派的毕达哥拉斯，在哲学观点上与泰勒斯对立，泰勒斯反复地向毕达哥拉斯强调："<u>整个宇宙都是有生命的，正是灵魂使一切生机盎然。</u>"这一观点十分流行，直到公元前300年，斯多葛派的哲学家还在用泰勒斯的实验来证明世间万物因生命而相互吸引。

当然，泰勒斯的"万物有灵论"并不是真正的唯物论，而更像是活物论。因为，真正的唯物论是人类能够清楚分辨物质与精神的差异之后才出现的。但不管怎样，泰勒斯摆脱了人们一直以来的神话思维，只由经验所及的现象来探求万物的根源，并用此根源来解释万物的变化，是人类思想的一次伟大飞跃。

哲思语

① **我们怎样善良正直地生活呢？**

——"假如别人做的某些事情是我们所谴责的，那么我们自己决不去做。"

② 什么样的人是幸福的？

——"那种有健康的身体、通达的灵魂、文雅的本性的人。"

看见数与哲学，看见对立与统一

✎ "勾股定理"的发明者

提起"勾股定理"，多数人都不会陌生，即"直角三角形的斜边平方，为两个直角边的平方之和"。发现这则著名的数学定理的人，就是哲学家毕达哥拉斯。

公元前582年，毕达哥拉斯在小亚细亚沿岸一座叫萨摩斯的岛屿上出生。

此时，岛屿正处于极盛时期，在经济、文化方面都超越了希腊本土的各个城邦。毕达哥拉斯的父亲是一位富有的商人。很小的时候，他就被父亲送到提尔，在那里他接触到了东方的宗教和文化。公元前551年，毕达哥拉斯到米利都拜访了泰勒斯、阿那克西曼德，并成了他们的学生，开始了他的哲学生涯。

✒ 数是宇宙的本原

　　与泰勒斯不同，毕达哥拉斯十分重视"数"，企图用数来解释一切。他主张，宇宙的本原不是水，而是数。在他看来，每个事物的背后都包含数，都能够用数来度量，"数"比起任何具体质料，都更适合作为万物的本原，因为它与存在着及生长着的物体之间有更多的相似点。

　　毕达哥拉斯认为，整个宇宙是这样从数中演化出来的：一产生出二，从一和二产生出点，从点产生出线，从线产生出平面，从平面产生出立体，从立体产生出可感物体。这种可感物体的元素，有水、火、气、土四种，这些元素以各种方式相互转化，结合在一起就产生出有生命、有智性、球形的宇宙。一切都是变化的，唯有数是永恒的。

✒ 数背后的对立与统一

　　毕达哥拉斯还认为，数既是本原，也是万物的质料及其本性与规定，数的元素是偶（代表无限）与奇（代表有限），而"一"则兼具奇偶两种性质。

由此，他还推出了10对基本对立——

有限与无限；奇数与偶数；单一与众多；直线与曲线；左方与右方；阳性与阴性；静止与运动；善良与邪恶；光明与黑暗；正方与长方。

其中，"有限与无限""单一与众多"的对立是最基本的对立。毕达哥拉斯称世界上一切事物均可还原为这10对对立。

在几何方面，毕达哥拉斯证明了"三角形内角之和等于两个直角"的论断，研究了黄金分割，发现了正五角形和形似多边形的做法，还证明了正多面体只有五种，即正四面体、正六面体、正八面体、正十二面体和正二十面体。

许多人不解，既然毕达哥拉斯对"数"如此着迷且颇有研究，那么为何将其称为"哲学家"呢？

这是因为，他一方面试图用一个元素——数，来说明万物的起源；另一方面，他看到了宇宙万物中的对立关系，看到了它们的统一，这为辩证的发展奠定了重要的根基。

① 数支配着宇宙。

② 不能支配自己的人，不能称为自由的人。

③ 要这样生活：使你的朋友不致成为仇人，使你的仇人
成为朋友。

世界是一团永恒的活火

✎ 哭泣的哲学家

在众多的古希腊哲学家中，有一位大咖饱受争议。因为行为怪异，有人怀疑他的精神可能不太正常；因为思想独特，有人称他为"晦涩哲人"；因为生性忧郁，有人给他起了一个文艺的别名，叫"哭泣的哲学家"。这位富有传奇色彩的大咖，就是赫拉克利特。

赫拉克利特（约公元前530—前475年）出生在小亚细亚沿岸，米利都稍北的以弗所。他是伊奥尼亚地区的

爱菲斯城邦的王位继承人，可他不爱权贵，厌恶腐朽糜烂的贵族生活，就把王位让给了自己的弟弟，自己跑到了女神阿尔忒弥斯的神庙附近，过起了隐居生活。尽管赫拉克利特性格孤僻，蔑视民众，厌恶政治，鄙视流俗，过着离群索居的生活，但他在哲学史上的成就不可小觑。

✒ 永恒的活火

赫拉克利特继承了米利都学派的传统，从具体的物质形态中寻找万物的本原。只不过，他跟泰勒斯的观点不同，认为世界的本原不是水，而是火——永恒的火。他说："这个世界，对于一切存在物都是一样的，它不是任何神所创造的，也不是任何人所创造的；它过去、现在、未来永远是一团永恒的活火，在一定的分寸上燃烧，在一定的分寸上熄灭。"

为什么要将火视为万物的本原呢？

赫拉克利特的解释是：火比其他元素更活跃，更富有变化。他认为，世界万物起源于火，又复归于火；一切转为火，火又转为一切。他认为：火熄灭变成气，气浓缩变成水，水凝固变成土，这就是火的熄灭过程，称

"下行之路"；相反，土消融变成水，水蒸发变成气，气燃烧变成火，就是火的燃烧过程，称为"上行之路"；上行的路和下行的路是同一条路，两者不断循环。

相比米利都学派的思想，赫拉克利特的本原观更加复杂而深刻，它揭示了火是万物的本原，且是一种运动着的物质性的基质，同时还指出了火与世界万物运动变化所遵循的不变的秩序或规律。

✦ 逻各斯：理性主义之源

对于事物运动变化所遵循的不变的秩序或规律，赫拉克利特将其称为"逻各斯"。

在希腊语中，"逻各斯"可以解释为"道理、规律、理性"。在赫拉克利特的哲学中，"逻各斯"特指"作为本原的火的本性"。他说："这个火是富有思想的，并且是整个世界的原因。"

在赫拉克利特看来，万事万物都是根据"逻各斯"产生的，并遵循"逻各斯"。"逻各斯"是驾驭一切的客观理性，也是每个人都具有的、能够支配人的思维的主观理性。通俗解释就是，认识事物的本原、本性不容易，因为它们总隐藏在可感事物的背后，所以只能靠思想和理性去认识。

就上述的观点来说，赫拉克利特的哲学已经有了认识论的雏形，而自从他第一次提出"逻各斯"这一概念并赋予它必然性和理性的含义后，这一理念也一直被西方众多哲学派别沿用，甚至成了西方传统哲学的核心内容，为西方哲学中的理性主义传统提供了永不枯竭的源头。

哲思语

① 智慧就在于说出真理。

② 品性是一个人的守护神。

③ 教养是有教养的人的第二个太阳。

只有原子与虚空，没有不死的神灵

✒ 躺在墓地里思考的人

不疯魔，不哲学，这句话说得一点也不假。

多数人都是在祭拜先人的时候才会到访墓地，可在2000多年前，有一个怪人却偏偏喜欢去墓地，说那里清净，没有人打扰，简直就是自由王国。他经常会躺在那个荒凉的地方，给思想插上翅膀，任凭想象力在脑海里飞翔。他时常会冒出一些稀奇古怪的想法，让常人百思不得其解，族里的人都把他当成疯子看待。

这个疯疯癫癫、满脑子怪想法的人，就是古希腊百科全书式的哲学家——德谟克利特。

德谟克利特（公元前460—前370年），出生在爱琴海北部海岸，色雷斯南部沿海的阿布德拉市，父亲是富贵的奴隶主。波斯王曾经赏给德谟克利特的父亲一些术士和星相学家，从童年开始，他就跟随这些老师学习神学和天文学，对东方文化产生了浓厚的兴趣。

随着对学问的不断钻研，德谟克利特越发觉得阿布德拉这个小城阻挡了他的视野，于是他开始了游学生涯。德谟克利特先是到雅典学习哲学，后来又去了埃及、印度等地，前后长达十几年。在这期间，他学过几何，研究过灌溉系统，学习观测星辰，推算日食发生时间，几乎每到一个地方，他都会向当地人请教学习。这段游历的岁月，让他大大增长了见识。

✒ 原子与虚空

马克思和恩格斯对德谟克利特称赞有加，说他是古希腊"第一个百科全书式的学者"。他不仅对数学、天文、地理、物理、医学、生物颇有研究，在逻辑学、伦理学、心理学、政治学方面也有建树，甚至在音乐、绘画、雕塑等方面也有一定的造诣。但他最为突出的贡献是继承并发展了自己导师留基伯的"原子论"，使其成为系统化的自然哲学世界观。

留基伯是古希腊爱奥尼亚学派非常有名的学者，也是德谟克利特的导师。原子学说最早就是由他提出来的，他认为：原子是最小的、不可分割的物质粒子。原子之间存在着虚空，原子本就存在于虚空之中，既不能生成，也不能毁灭，在无限的虚空中运动着构成万物。

德谟克利特继承并发展了留基伯的原子学说，进而指出：宇宙空间中除了原子和虚空之外，什么都没有。原子一直存在于宇宙中，既不能无中生有，也不能被消灭，任何变化都是因为原子引起的结合与分离。

他还认为，原子在数量上是无限的，在形式上是多样的，物体的不同是因为构成它们的原子在数量、形状和排列上存在差异。原子在本质上是相同的，没有所谓的"内部形态"，它们之间的作用通过碰撞挤压而传递。

灵魂的拷问

既然万物皆由原子与虚空组成，那么人呢？世间又到底有没有灵魂呢？

对此，德谟克利特认为：原子论里没有神存在的空间，原始人不了解奇妙的自然现象，更不知道它们是如何产生的，就臆造出了神，用以解释一切的未知。事实上，除了永恒的原子与空虚之外，根本没有不死的神灵。他甚至认为，人的灵魂也是由原子构成的，只不过组成它的原子非常活跃且精微，但不管怎样，它都是一种物体。原子分离，物体消失，灵魂也将随之消灭。

认识论

对于认识论的问题，德谟克利特依然用原子论来解释："影像"是由事物中不断流溢出来的原子形成的，人的感觉和思想，是这种"影像"作用于感官和心灵产生的。此外，他还区分了感性认识和理性认识，认为感性认识是认识的最初级阶段，它无法感知所有的东西，当感性认识在最微小的领域不能够看见、听见、闻到、摸到的时候，就需要理性认识来帮助。

德谟克利特的原子唯物论，是古希腊唯物主义发展中最重要的成果。他主张，世上的万物都是相互联系的，都受因果必然性和客观规律的制约。

哲思语

① 只愿说而不愿听，是贪婪的一种形式。

② 应该尽力于思考得很多，而不是知道得很多。

③ 不要企图无所不知，否则你将一无所知。

现实世界是理念世界的影子

柏拉图学园

柏拉图（约公元前427—前347年），是古希腊最著名的哲学家之一。

柏拉图出生在雅典的一个贵族家庭，父亲是苏丹，

现实世界

不过是理念世界的影子。

母亲是克里提俄涅。据传，他的家庭是雅典国王的后裔，他是当时雅典著名的政治家柯里亚西斯的侄子。起初，柏拉图是有意继承家族传统从政的，但后来的一些事情让他打消了这个念头。

在与斯巴达的战争中，雅典民主制失利，"三十僭主"开始执政，后来"三十僭主"又被新的代议制度取代。到了公元前399年，他的老师苏格拉底受审并被判处死刑，这让柏拉图对当时的政治体制彻底绝望了。之后，他开始游历四方，到埃及、小亚细亚和意大利南部等地从事政治活动，试图实现自己的贵族政治思想。

公元前387年，也就是在柏拉图四十岁左右的时候，他结束了游历重回雅典，并在雅典的城外创建了一所学校，这就是著名的柏拉图学园。这所学校成为西方文明最早的有完整组织的高等学府之一，也是中世纪时在西方发展起来的大学的前身。

理念世界与现象世界

柏拉图是西方客观唯心主义的创始人，他认为世界由两部分组成：理念世界和现象世界。理念的世界是真实存在的、永恒不变的，而人类感官所接触的现实世界，不过是理想世界的影子，它由现象组成，但每种现象都会因为失控等因素而表现出暂时变动的特征。

由此，柏拉图提出了一种理念论和认识论，并将其作为自己教学理论的哲学基础。

他认为，自然界有形的东西是流动的，但构成这些有形物质的"形式"或"理念"是永恒不变的。我们对于那些变化的、流动的事物无法有真正的认识，我们对它们只有看法或意见，我们唯一可以了解的，只有那些我们能够运用理智来了解的"形式"或"理念"。因此，知识是固定和肯定的，不可能有错误的知识，但意见很有可能是错误的。

✒ 《理想国》

在《理想国》中，柏拉图为了解释理念论，运用了一个洞穴比喻。

一群囚犯在洞穴里，手脚都被捆绑起来，无法转身，全都背对着洞口。他们面前有一堵白墙，身后燃起一堆火。在白墙上，他们看到了自己以及身后到火堆之间的所有事物的影子，可因为他们看不到任何其他东西，便以为影子就是真实的东西。

最后，有一个人挣脱了枷锁，找到了洞口。他第一次看到真实的事物，接着就回到洞穴里，试图向其他人解释墙上的影子都是虚幻的东西，还给他们指出明路。可是，对于那些囚犯来说，那个人的言行是极其愚蠢的，他们还向他宣称，除了墙上的影子，世界上没有他物。

柏拉图讲这个故事是想说明："形式"就是阳光照耀下的实物，而人的感官世界所能感受到的，不过是白墙上的影子。大自然对于理性而言，黑暗而单调，不懂哲学的人看到的只是影子，哲学家在真理的阳光下才能看到外部事物。此外，他还把太阳比作正义和真理，强调我们看见的阳光不过是太阳的"形式"，就像真正的哲学道理和正义一样，我们只能看到它的外在表现，却无法直观它的实质。

哲思语

① 有理想在的地方，地狱就是天堂。有希望在的地方，痛苦也成欢乐。

② 征服自己需要更大的勇气，其胜利也是所有胜利中最光荣的胜利。

③ 把你的脸迎向阳光，那就不会有阴影。

宇宙间唯一的实体就是宇宙本身

✒ 坚定的理性主义者

德国诗人海涅说："所有我们现代的哲学家，也许都常不自觉地用斯宾诺莎所磨制的眼睛在看世界。"

17世纪的西方，王权在资产阶级革命思潮的阴霾下寝食难安，宗教的变异撕裂了欧洲。在这样的时代里生存，人人都在惶恐地选择，在选择中茫然。然而，有一位被世俗和传统驱逐的犹太人，日复一日地低头磨制着光学镜片，以隐忍和沉默在纷扰的尘世中凝结成了一种高贵的姿态，对抗着外界的喧闹。最后，粉尘侵蚀了他的肺，瓦解了他的存在，但时间升华了他的高贵，哲学历史也因他的存在而不再那么浮躁。这个犹太人就是巴鲁赫·斯宾诺莎。

✒ 上帝和宇宙是一回事

斯宾诺莎（1632—1677年）是西方近代哲学史上一

位重要的哲学家，他是一位坚定的理性主义者。斯宾诺莎认为，宇宙间只有一种实体，那就是作为整体的宇宙本身，而上帝和宇宙就是一回事。斯宾诺莎在其著作中，屡次将实体称为"神"（"上帝"）或"自然界"，他说："除了神以外，不能有任何实体，也不能设想任何实体。""自然的力量与上帝的力量是一回事。"他还认为，人的智慧是上帝智慧的组成部分，上帝是每件事的"内在因"，他通过自然法则来主宰整个世界。

同时，斯宾诺莎宣称，在这个世界上，只有上帝是拥有完全自由的，人类虽然可以试图摆脱外在的束缚，但永远无法获得自由意志。一个人只要受外在的影响，就是处于被奴役状态，而只要跟上帝达成一致，就可以获得相对的自由，并摆脱恐惧。如果我们能够将事情看作是必然的，那我们就会更容易与上帝合为一体。他说："自由人最少想到死，他的智慧不是关于死的默念，而是对于生的沉思。"他奉行了这句格言，在面对死亡时十分平静。

斯宾诺莎否认了站在自然界之外并创造自然界的上帝，而是把上帝和自然界等同起来，这是他哲学体系的基本论点，同时也表明了他的世界观是唯物主义的。

不过，他并未从自己的世界观里彻底排除神的概念，在宣传唯物主义思想的时候，依然带有泛神论的色彩。所以，他是一个泛神论者。

哲思语

① 没有理智，绝不会有理性的生活。

② 没有希望便没有恐惧，没有恐惧也就不会有希望。

③ 诚实的人从来讨厌虚伪的人，而虚伪的人却常常以诚实的面目出现。

精神与物质是两个永恒的实体

✎ 反封建斗士

让·雅克·卢梭（1712—1778年）是18世纪法国启蒙运动的著名思想家、哲学家、教育家、文学家，是18世纪法国大革命的思想先驱，杰出的浪漫主义文学流派的开创者。

卢梭出生在瑞士日内瓦，父亲是一个钟表匠，祖上是从法国流亡到瑞士的新教徒。他出生后10天，母亲就去世了。10岁那年，他的父亲为了捍卫正义，不向黑恶势力低头，在法院下达的缉拿通知下愤然离开日内瓦，家里只剩下年幼的卢梭一人。

家境的贫寒，未能让卢梭有机会接受系统的教育，但他从小跟随父亲也读了不少书。为了谋生计，他当过学徒、杂役、家庭教师，长期遭受屈辱和冷遇的经历，让卢梭很早就对"残暴和不正义"充满了反抗意识。1741年，卢梭去了巴黎，在那里靠抄写乐谱为生。在那里，他结识了一大批渊博的学者和思想家，可惜最终都因思想不同而分道扬镳。但在此过程中，他不仅丰富了自己的知识，也锻炼了反抗封建势力的坚强意志。

1749年，卢梭在"科学与艺术的复兴是否有助于敦风化俗"的悬赏征文活动中，抒写了自己的见解，被评为首奖。之后，他又发表了《论人类不平等的起源和基础》一文，以及《社会契约论》一书，进一步阐明了自己的民主主义政治思想。

1762年，卢梭的长篇教育哲理小说《爱弥尔》问世，抨击了法国腐朽的政治和宗教体系，尤其是摧残儿童身心的封建主义教育体系。《爱弥尔》刚一发表，就轰动了法国和西欧。法国政府下令逮捕卢梭，焚毁《爱弥尔》。为了躲难，卢梭逃往瑞士，而后去了英国。

法国政府和天主教会对卢梭的政治迫害，使得他身心备受煎熬。1767年，卢梭返回法国，避居在巴黎市郊。1772年，他完成了自我评传性的最后一部著作《忏悔录》。

1778年，这位反封建的斗士与世长辞，他的遗体于1794年以隆重的仪式移葬于巴黎先贤祠。他的棺木外形设计成了乡村小寺庙的模样，从正面看，庙门微微开启，从门缝中伸出一只手来，手中擎着一支燃烧的火炬，象征着他的思想点燃了革命的烈火。

✒ 宇宙的本质是精神与物质

卢梭没有专门的哲学著作，他的哲学观点只是散见在《爱弥尔》等著作中。他是一个自然神论者，反对传统的宗教，但不否认神的存在，承认非物质的灵魂存在。他认为，宇宙的本质是精神和物质两个永恒的实体，精神是积极的、能动的，可以组合和改变事物；物质是消极的、惰性的本原，只是变化的对象，只能承受运动、传递运动，但自己却不能够运动。物质的运动，完全是由精神力量，也就是意志推动的结果。

哲思语

① 生活本身没有任何价值，它的价值在于怎样使用它。

② 问题不在于告诉他一个真理，而在于教他怎样去发现真理。

③ 生活得最有意义的人，并不就是年岁活得最长的人，而是对生活最有感受的人。

"绝对精神"创造了世间万物

✒ 德国古典哲学的集大成者

黑格尔（1770—1831年）是德国古典哲学的集大成者。黑格尔出生在德国符腾堡公国首府斯图加特的一个官吏家庭，10岁进入中学，18岁进入图宾根神学院学习神学和哲学。1793年，黑格尔以优异的成绩从神学院毕业，此后几年里，他在瑞士伯尔尼和法兰克福的贵族家庭里做教师。

1800年，黑格尔回到耶拿，与谢林一起创办了《哲学评论》杂志。1801年，他通过论文答辩成为耶拿大学哲学系的编外讲师，4年后成为副教授。1807年，他出版了自己的第一部著作《精神现象学》。1808—1816年，他在纽伦堡的一所中学担任校长，而后到海德堡大学担任哲学教授。1818年，黑格尔任柏林大学哲学教授，11年后当选为该校校长。1831年黑格尔因病逝世。

黑格尔有极强的理性分析和思辨能力，也有广阔的视野和雄心。他在形而上学、宗教哲学、艺术哲学、法哲学、哲学史等几乎哲学学科的所有方面都有惊人的论述。最重要的是，他把这一切贯通为一个完整的体系。可以说，德国的古典哲学，在他这里达到了顶峰。

绝对精神是世界的本原

黑格尔把"绝对精神"视为世界的本原，这与他早期受到了神秘主义的影响有关。在他心中有一个"世界之神"，它创造了世间万物，无论是精神的还是物质的东西，全部由它产生，最后又复归于它。不过，这个"世界之神"与基督教中所说的上帝不同，它是一种

"精神"。

黑格尔认为，精神具备神性，是世间最高贵的体现。神在人类精神中完全展示自我的时候，必定以精神的形式出现。既然神是精神，世界又是神的产物，由此推理：世界就是精神的产物。不过，黑格尔又强调，这个"精神"不同于某一个人的"精神"，它独立于所有人和所有事，是异化的、对象化的。在自然界和人类社会出现以前就已存在一种精神性的本原，这就是"绝对精神"，且自然界和人类社会中的一切现象，都是"绝对精神"的异化形式。

✒ "三段论"：正、反、合

有人提出异议：山川河流、动物植物、人类社会，全都是物质的，这该如何解释呢？黑格尔认为，这些不过是"精神的现象"，它们的本质全是精神的。又有人提出：绝对精神如何把世间万物实现出来？对此，黑格尔用"三段论"做了回答：精神通过"正、反、合"的辩证法运动，分阶段地把事物实现出来。

一开始，绝对精神在纯粹的"概念"世界里运动，此为正；接着，它把自己从概念里外化出来，形成具体的物质内容，此为反；然后，精神摒弃自然界，结合前两个阶段，重新回到精神的表现形式中，此为"合"。

"三段论"听起来较为抽象，若举例说明，则一目了然。

例如：一颗麦粒，起初只是一粒小小的种子（正），当它被种在地下，经历了生根、发芽等一系列过程长成麦苗时，它已不再是最初的那颗麦粒了（反）；麦苗最终成熟结种，产生出新的麦粒（合），这新的麦粒既不是麦苗，也不是最初的那粒种子，而是两者综合的产物。

再如：一只母鸡（正）下了一枚鸡蛋（反），鸡蛋与母鸡的样子完全不一样，但是经过了孵化之后，小鸡破壳而出（合），它还是一只鸡，但又不是原来的那只母鸡。

为此，我们可以这样来理解"绝对精神"：它是宇宙中一股神秘的力量，按照"正、反、合"的规律变化、成长，演变出万事万物。

哲思语

① 人类从历史中学到的唯一教训，就是人类没有从历史中吸取任何教训。

② 无知者是最不自由的，因为他要面对的是一个完全黑暗的世界。

③ 人应尊敬他自己，并应自视能配得上最高尚的东西。

世界的本质是运动不止的绵延

✒ 生命之流

亨利·柏格森（1859—1941年）出生在法国巴黎，父母均带有犹太人的血统。出生后不久，他跟父母迁往伦敦，9岁时又重回巴黎，后进入孔多塞中学读书。19岁那年，他中学毕业，进入巴黎高等师范学校文学系，三年后毕业获得文科硕士学位和"哲学教师资格证书"，之后他做了一名中学教师。

1884年暮春时节的一个黄昏，25岁的柏格森到克勒蒙菲城郊外散步，那里地处高原，漫山遍野长着高大的树木，西天的晚霞在空中铺撒开来，远处的卢瓦尔河的支流奔腾不息。站在高处的柏格森，望着眼前奔流的河水、摇曳的树木和飘逝的晚霞，突然对时光的流逝产生了奇妙的感觉。这个感觉，促使他写出了自己的第一部著作《时间与自由意志》。从这部著作开始，他发展了一个以"绵延"为核心概念的庞大的直觉主义生命哲学体系。

柏格森认为：生命不是物质，而是一种盲目的、非理性的、永动不息、不知疲惫的生命冲动。这种冲动变化在时间上永不间歇地自发流逝，故而被称为"绵延"或"生命之流"；因为它像一条永动不息的意识长河，故而又被称为"意识流"。

✒ 延绵与直觉主义

柏格森所说的"绵延"，大致具备如下特征：

（1）绝对的连续性。

（2）完全性质式的，不可测量。

（3）没有广延性，与空间无关，只在时间上进展。

（4）自由的，随机、自然、无所拘束。

因而，"绵延"就是在时间中运行不息的生命冲动，是真正的时间，是发展中的自我。人们无法通过理智把握"延绵"，只能运用直觉，这就引出了"直觉主义"。在柏格森看来，世界的本质是生生不息、运动不止的"绵延"或"生命之流",科学和理智只能认识物质世界,认识假象,获得暂时的相对真理,唯有直觉才能把握或认识世界的本质。

那么,何谓直觉呢?柏格森给出的回答是:"一种理智的交融,这种交融使人们自己置身于对象之内,以便与其中独特的、从而无法表达的东西相符合。"简单来说就是,直接进入事物内部与事物保持同一时所获得的对事物的认识。

这一点在对运动事物的认识中最突出,如果不是与运动的事物融为一体、亲身体会运动,那就无法对运动有一个真切的了解,我们了解的只能是运动物体经过一点到另一点,在这两点间还有许多的点,单一的运动被分析成了一个复杂的东西,最终我们还是无法掌握运动。

直觉作为一种认知方式,它的实现需要以下几个条件:

(1)与外部有广泛的接触,获取主观感受。

(2)充分发挥想象力,体验实在的真谛。

(3)超越理智的审美态度。

以艺术创造为例,要创作一篇文学作品,必须熟悉主题,从生活中收集素材,寻找灵感;然后,物我相融,留意对象的流变引起的主观感受,用自己的作品去表现这些感受。

柏格森的直觉主义，在本质上是反理性的，但它对后来的人本主义思潮各流派产生了巨大的影响，对当前科学主义思潮中的一些流派也有明显的影响。

哲思语

① 实在就是可动性，没有已造成的事物，只有正在创造的事物。

② 没有自我的世界是死寂的世界，没有世界的自我是空洞的自我。

过程就是世界，世界就是过程

✎ "过程哲学"

阿弗烈·诺夫·怀特海（1861—1947年）出生在英国肯特郡的一个教育之家，祖父是当地很有声望的教育家，21岁就担任了私立学校的校长，他的父亲在25岁时继承了其父的校长职位。

1875年，怀特海离开家乡，到多塞特郡的舍伯恩学校上学。1880年，他进入剑桥大学三一学院，期间他对文学、宗教、政治和哲学产生了浓厚的兴趣。1885年，怀特海从三一学院毕业，留校任教。

1910年，怀特海离开剑桥，迁往伦敦。1914年，他在巴黎的数理逻辑家的会议上宣读了《空间的相对论》一文，这篇文章标志着他的兴趣已经转向了科学哲学。随后的几年里，他又发表了三篇论文，从哲学观点探讨时空的相对性问题。

1924年，怀特海离开英国，到美国哈佛大学担任哲学教授。他在哈佛任教13年，退休后仍然住在坎布里奇市。这期间，他着重研究思辨哲学，发表了他一生中最重要的几本哲学著作，其中最具代表性的就是《过程和实在》，这本书奠定了他的"过程哲学"的理论基础。

古代朴素唯物主义和近代机械唯物主义，都是以世界由某种物质实体构成这一基础为前提。然而，怀特海的过程哲学否定了旧唯物主义实体观，以全部现实存在都是相互关联的为基点，认为世界本质上是一个不断生成的动态过程，事物的存在就是它的生成。

怀特海反对所谓的"自然界的两分法"，他认为：自然与生命的分开是无法被理解的，只有两者融合才能构成真正的实在。在人的主观感觉之外，不存在任何真实的、独立的存在，物质与精神不是相互独立的两个实体，而是内在关联的，统一于现实的存在过程之中。

事实上，怀特海过程哲学中的"生成"与"过程"思想，与中国哲学中的"生成"与"变易"接近。比如，《老子》中提到的"天下万物生于有，有生于无""道生一，一生二，二生三，三生万物""有无相生，难易相成"等，这些思想都体现出与过程哲学相似的地方。

✒ 存在物在客观上是不朽的

怀特海还强调：存在物从主观性上永远消失，在客观性上却是不朽的。消失中的现实性得到了客观性，同时失去了其主观的直接性。最明显的例子就是，那些已经去世的伟人们，作为直接的主体他们已经死去，但作为客体却始终存在、永垂不朽，依然能够得到人们的理解，并对后人产生着现实的影响。基于这一点，怀特海说，客体是自然永远不会消逝的元素。

哲思语

① 要等你课本弄丢了，笔记本都烧了，为了准备考试而

记在心里的各种细目全部忘记了，剩下的东西，才是你所学到的。

② 教育就是获得运用知识的艺术，这是一种很难传授的艺术。

存在是客观实体，是万物的本质

巴门尼德（约公元前515—前440年）出生在意大利南部埃利亚的一个豪门家庭，据资料记载，巴门尼德仪表堂堂，风度翩翩，知识渊博，在当时一度成为道德典范。他喜欢云游四海，向人们宣讲他的认识和见解，他曾经为埃利亚的城邦立过法，也曾到过毕达哥拉斯学派的中心克罗顿，晚年还游历过雅典。

年轻时，巴门尼德师从诺芬尼，受其"万物为一，一为神"思想的影响；但真正引导他走向沉思生活的，是毕达哥拉斯学派的成员阿美尼亚，两人交往甚密，有师友关系。因此，巴门尼德在思想方法和哲学原理上，对毕达哥拉斯学派的学说有更多、更直接的继承与批判。

✎ 思维与存在同一性

巴门尼德的出现，是古希腊哲学史上的一个伟大的转折点，更是一次质的飞跃。他提出了"思维与存在同一性"的命题，此后，思维与存在的关系逐渐成为哲学的基本问题。

巴门尼德曾经写过一篇哲理长诗《论自然》，讲的是自己来自无知的黑夜，在人群中孤寂地走着自己的道路，最后得到了女神的教诲，觉悟了真理。诗中，他借助女神之口，提出了两条研究的途径：一条是"存在存在，不可能不存在"；另一条是"存在不存在，非存在存在"。

通过逻辑论证，巴门尼德得出结论：第一条是"确信的途径，因为它与真理同行"，第二条则是"根本不可能的"。因此，他把第一条路视为"真理之路"，通过这条路哲学将走向世界的永恒真理；至于第二条路，他称为"意见之路"，因为它会让哲学沉迷于轻浮的现象世界，根本无法触及世界的本质。

✎ 真正不变的只有"存在"

沿着"真理之路"，以"存在"为认识对象，巴门尼德又集中探讨了存在的特性，以及它与思想的关系。存在是永恒的，不生不灭；存在是唯一的、连续的、不可分的；存在是不动的；存在是完满的；存在是思想的对象。

当那些自然学家试图在不断变化的自然中找到永恒不变的本原时，巴门尼德却说：世界上根本没有真正的变化，没有任何事物可以变成另外一种事物，真正不变的只能是"存在"。整个世界的本质就是一个永恒的、唯一的、不动的存在，即"存在者"，人们所感觉到的变化着的事物，并非真实的东西，只是一种幻象。

在感官和理性之间，巴门尼德果断选择了后者，他是一个纯粹的理性主义者。

只有"存在"才能被思想

关于存在与思想的关系，巴门尼德曾经说过："可以被思想的东西和思想的目标是同一的，因为你找不到一个思想是没有它所表达的存在物的。"在他看来，只有"存在"才能被思想，不能被思想的东西是不存在的。"存在"是思想指向的唯一课题，也是思想的最终目的。换而言之，当你在思想的时候，你必定是想到了某种事物；当你使用一个名字的时候，它必定是某种事物的名字。这就是著名的"思维与存在是同一的"命题。

巴门尼德哲学是希腊哲学的转折点，而黑格尔也曾将巴门尼德哲学称为"真正的哲学史的开端"。因为他不再像从前的哲学家那样侧重于研究世界的本原和派生物的关系，而是开始研究世界的本质与现象的关系，这也为后来的西方哲学确定了基本的方向。

哲思语

① 能被思维者与能存在者是同一的。
② 知识必须有一个对象，而对象必须是某种存在的事物，否则就不会有知识。

世界是我的表象，意志是世界的本质

✎ 尖锐的批评者

当众人对黑格尔的哲学大加赞赏时，有一个人却站出来说："黑格尔是一个庸俗、愚蠢、讨厌、一无所知的江湖骗子。他空前刁蛮、癫狂，总是胡说八道，他的思想败坏了整整一代人。他长得像啤酒店老板，这样的人也配做哲学家，着实令人费解。"

这个言辞尖锐的批评者，正是亚瑟·叔本华。

叔本华（1788—1860年）出生于但泽，这个地方当时是德国的领土，现属于波兰的格但斯克。大概是因为父亲经商、母亲与文艺界人士来往甚密，叔本华从小就接触到了一些名人雅士，对商业生活的庸俗和世俗气息极度反感，一心只想做学问。

1809年，叔本华进入哥廷根大学攻读医学，后把兴趣转移到了哲学上，他以《论充足理由律的四重根》获得了博士学位，并得到了歌德的赞赏。当时，歌德发现了叔本华的悲观主义倾向，告诫他说："如果你爱自己的价值，那就给世界更多的价值吧。"

世界是我的表象

《作为意志与表象的世界》是叔本华的代表作，这本书的主旨是探讨"世界"。

在传统哲学中，唯物主义者认为，"世界"具有客观性，对于所有人都一样；客观唯心主义者认为，世界是某种客观精神的体现；主观唯心主义认为，世界是一种主观的理解。到了叔本华这里，他把之前的所有说法全都否定了，他在此书的一开篇就说："世界是我的表象。"

在叔本华看来："世界"由主体和客体两部分构成，所谓"表象"，就是指主体（认识者）对客体（被认识者）的感知、认识与理解。表象不是独立存在的，它只能存在于主体与客体的关系中，缺一不可。

举例来说：如果没有眼睛，即便太阳存在也无法感知到，更无法感知它的光，因为缺乏感受它的器官；如果没有太阳，也不可能有眼睛，地下或阴暗处的生物，生活的环境中没有阳光，因而没有眼睛，它们也不需要眼睛。

叔本华认为，事物的性质不是绝对的，都是相对于其他事物而言的。一个单独的事物，无法判断它的性质，一旦说起某种性质，必然是相对于一个判断者而存在的，离开了这个判断者，就无法说明这个事物具备什么样的性质。

举例来说：当我们说"青菜可以吃"的时候，青菜"可以吃"的性质只是相对于我们这个判断者来说的，对于食肉性的动物来说，青菜不具备可吃性。这件事如此，"世界"也如此。我们眼中的世界，与昆虫眼中的世界，是截然不同的，但我们不能说哪一个是真实的，因为昆虫无法感知我们的世界，我们也无法感知昆虫的世界。

因此，我们无法知道，在我们感知到的世界之外，是否还存在着其他的事物，也无法判断它们是否存在。从这个意义上来说，世界是依赖于感知它的主体而存在的，世界的性质取决于感知者的性质。如果没有感知者，世界即便真的存在，也什么都不是，因为没有感知者去进行感知和判断。人们永远不能透过外部达到事物的实在本质。

✍ 意志是世界的本质

既然形形色色的世界只是"表象"，那什么才是世界的本质呢?

叔本华在论述表象时，曾经提到过人们存在的一种心态：每个人在接受世界只是他的表象时，内心总是不太情愿，并且不愿意相信这是一个真实反映人的认识的结论。

他解释说："这是因为世界是我的表象只是半个真理，只有当我们说，世界是我们的意志时，真理才是完整的。一切客体，都是现象，唯有意志是自在之物。"

可见，在叔本华看来，"意志"才是世界的本质。

那么，何谓"意志"呢？

叔本华认为：人最根本的东西就是情感欲望，是情欲推动着人的行为，这就是意志的根本。但是，意志不仅仅是情欲，它是人与生俱来的特性，是决定人本质的因素。不仅主体的本质是意志，人类的本身就是意志的产物，理性、思维等全部是意志的客观表现。

叔本华还说，意志是一种无意识的意志，求生存是其基本特点，因此也可称为"生存意志"。不仅人类有意志，动物、植物乃至无机物都有意志，人身体的活动、动物的繁衍、植物的生长、结晶体的形成，全部都是意志的客观化。可以说，意志无处不在，它是自在之物，是世界的本质，决定着万物的发展。

哲思语

① 人性一个最特别的弱点就是，在意别人如何看待自己。

② 人生实如钟摆，在痛苦与倦怠之间摆动。

③ 事物的本身是不变的，变的只是人的感觉。

物质是第一性的，意识是第二性的

✎ 意识是客观事物在人脑中的反映

卡尔·马克思（1818—1883年）出生在普鲁士莱茵省特里尔城，父亲是一名律师，受其影响，马克思在1835年进入波恩大学学习法学，次年又转入柏林大学。尽管法学是他的专业，但他大部分的精力都放在了学习哲学和历史上。

马克思在哲学方面的最大贡献，就是将实践概念引入哲学，使得哲学与现代无产阶级的解放联系起来，产生了唯物史观。马克思自称唯物主义者，但他与18世纪的唯物主义者不同，受黑格尔哲学的影响，他将自己的唯物主义称为"辩证唯物主义"。

辩证唯物主义是把唯物主义与辩证法有机地统一起来的科学世界观，是唯物主义的高级形式。它承认世界在本质上是物质的，物质是第一性的，意识是第二性的，意识是高度发展的物质，即人脑的机能，是客观物质世界在人脑中的反映。

同时，辩证唯物主义认为：物质世界按照其本身所固有的规律运动、变化和发展，指出事物都是一分为二的，揭示了事物发展的根本原因在于事物内部的矛盾性，矛盾双方既统一又斗争，促使事物不断由低级向高级发展。因此，事物的矛盾规律就是对立统一的规律，也是物质世界变化、发展最根本的规律。

✒ 认识源于实践，又服务于实践

在认识论方面，辩证唯物主义辩证地解决了人的认识的内容、来源和发展过程的问题，它认为：物质可转化为精神，精神也可转化为物质，这种主观与客观辩证统一的实现必须通过实践。因此，辩证唯物主义认识论的基本观点就是实践。认识源自实践，又服务于实践，实践—认识—再实践—再认识，不断循环，这就是人们正确认识世界和能动地改造世界的过程。

✒ 哲学是人类思想的解放

马克思哲学对人类的本性也进行了追溯，在马克思看来："人性是人自己在历史发展的过程之中制造出来的"，人有自我意识，当他发现世界与之对立时，就着手改造世界，进行某种生产活动，使世界成为人的世界，在此过程中也塑造了人性。因而，马克思将哲学视为人类思想的解放，是无产阶级挑战当时社会制度的精神武器，唯有在正确的哲学思想的领导下，广大的无产阶级才能脱离矛盾社会的恶性循环，最终获得解放。

哲思语

① 没有义务的地方，就没有权利。

② 任何节约，归根结底是时间的节约。

③ 谁要是为名利的恶魔所诱惑，他就不能保持理智，就会向不可抗拒的力量所指引给他的方向扑去。

凡是可说的都可以说清楚，凡是不可说的就要保持沉默

维特根斯坦（1889—1951年）是语言学派的代表人物，他的哲学主要研究语言，并认为哲学的本质就是语言。因为，语言是人类思想的表达，是整个文明的基础，哲学的本质只能在语言中寻找。

维特根斯坦的著作是《逻辑哲学论》和《哲学研究》，两本著作代表了他前后期的思想。《逻辑哲学论》是一部只有80页的经典著作，全书由一个个短小精悍的评注性命题组成，维特根斯坦说，全书的意义可用一句话来概括："凡是可以说的都可以说清楚，凡是不可说的就要保持沉默。"

在维特根斯坦看来，自然科学的命题是可说的，因为它接触到实在，以经验事实为对象，且采纳经验方法，可能在经验中加以证实；像伦理、美学、形而上学的东西，无法表达关于世界的真实，在世界之外，也就在语言之外，在逻辑之外，因而不可说。打个比方，人生和理想这些虚构的事物，就算说得再多，也难以说明白，因为人与人的思想不同，对事物的理解也不一样。既然无法言说，那么最好的选择就是沉默。

在维特根斯坦看来，语言和世界的关系可概括为图像摹画世界。只有作为图式的命题才能用语言说出来，不能逻辑摹写的事情，语言无法表达。命题是事实的图像，命题是事实的命题。从这一观点上来说，人生的意义和价值，我们是无法确切把握的。

到了后期，维特根斯坦对日常语言的态度有了本质上的改变，他否定了前期的内容和方法，开始用一种动态的观点来看问题。他从自然语言出发，探讨语言的语法结构，提出了"语言游戏说"。在他看来，创造一套严格的可以表述哲学的语言是不可能的，因为日常生活中的语言是生生不息的，这是哲学的基础和源泉，因此哲学的本质要在日常生活中解决，在"游戏"中理解游戏。

"语言游戏说"是相对于"图像在理论说"而言的。

在图象理论说中，语言在根本上是一种反映，而语言游戏说则认为，语言首先是一种活动，是与其他行为交织在一起的一种活动；在图像理论说中，世界和语言似乎从一开始就是现成的，而语言游戏却是成长出来的，且不断生长和变化。

维特根斯坦代表了一种肆无忌惮、灵活思考的哲学思想传统，给人们的思考方式、思考角度带来了无限的可能性，这也是他作为一个20世纪最伟大的思想家的闪光点。

哲思语

① 一个字词的意义，是在语言中所使用的意义。

② 想要思考是一回事，有思考的才能则是另一回事。

哲学的 2
终极追问

"我" 到底
是谁？

没有"自我"，就无法认识外界的一切

约翰·戈特利布·费希特（1762—1814年），出生在普鲁士萨克森州的拉梅诺，家境贫寒，但天资聪颖。1774年，费希特进入波尔塔贵族学校；1780年，他考入耶拿大学；1781年，他进入莱比锡大学攻读神学；1788年，因经济拮据，他放弃学业奔赴瑞士的苏黎世，在那里做了家庭教师；1790年，费希特重返莱比锡，再任家庭教师，开始研究康德哲学，并为之折服。

自我是哲学的源头

费希特认为，哲学的源头在于"自我"。因为我们可以设想任何东西都不存在，但不能设想自我不存在，自我是排除了一切东西后剩下的唯一确实的存在。

自我有抽象能力，可以把世上的一切抽象掉，因而可以把整个世界视为幻想，但自我绝不可能把自己抽象掉，当"我"进行这一抽象活动的时候，"我"必然是真实存在的，故而保证了世界的真实性。

费希特继承了康德哲学，他把自己的哲学称为知识学。他把"知识学"的基本原理规定为三条，使它们构成了"正反合"的命题系统，这三条基本原理分别是：

△ 自我设定自身

自我与自身是绝对同一的，这一点毋庸置疑，任何一个正常的人都不会怀疑自己的存在。自我与自身的同一可以这样来表述：我是我。对于任何人来说，这都是不争的事实，无须证明。这个自我，使得一切意识和经验成为可能，与经验不同的是，经验会变化，而自我不变。

由此可知，自我是世界的终极存在，自我的存在是以自身为根据的，无法从其他事物中推论出来，可以从我的存在中直接推出，因而不必再追问自我的起源。

这个命题，也可以套用笛卡尔的形式：我在，故我在。

△ 自我设定非我

自我并不是孤立的存在，有自我存在，就有非我存在，非我与自我一样，也有独立的起源。在某种意义上，非我不依赖于自我而存在，这一点无可置疑。非我不是我，跟我有完全不同的性质，这一点任何人都会承认，也不需要证明。

△ 自我设定自我与非我的统一

自我发现非我不是一个外来的东西，而是由自我设定起来的。如果没有自我，那么非我就无法作为对象而存在，正因为有了自我的设定，非我才成为自我的对象。从这一点上来说，非我是由自我创造出来的。如此，自我也就能把所有领域统一在自我之中了。

✎ 世界是由自我设立的

说世界是由自我设立起来的，并非指外部的物质客体是由自我创造的，就像上帝创造世界一样；而是说一个事物能够成为认识的对象不取决于它本身，而取决于认识者——自我。

世上的事物千千万万，不可能都进入"我"的认识，成为"我"的对象，它们是否能够成为认识对象取决于两点：其一，自我的选择。在街上会碰见许多人和事，却不一定都能够成为自我的认识对象，能否成为认识对象，由自我决定。其二，自我的认识能力。有些事物存在着，但因为自我的认识能力有限而无法成为"我"的认识对象，比如原子、星系等，因为没有相应的工具和知识，"我"就无法认识它们，它们也就无法进入"我"的视野，进而成为"我"的认识对象。

费希特强调自我，以自我构建一切价值，因此被称为主观唯心论。在普法战争期间，他用通俗的方式宣讲自我哲学，振奋了民心，这也印证了哲学对社会与人心有指导意义。

哲思语

① 人的教养不能够靠别人传授，人必须进行自我修养。一切苦修也绝不是文化修养，教育是通过人的主动性来实现的，教育牢牢地钉在主动性上。

② 使一切非理性的东西服从于自己，自由地按照自己固有的规律去驾驭一切非理性的东西，这就是人的最终目的。

上帝死了，一切价值由人自己建立

曾有人说："所有通向哲学之路的人都要经过一座桥，这座桥的名字叫伊曼纽尔·康德，这座桥通向古典哲学。所有通向哲学之路的人还要翻过一座山，这座山的名字叫弗里德里希·尼采。翻过这座山，就会邂逅现代主义或者后现代主义哲学。"

尼采（1844—1900年），德国著名哲学家，西方现代哲学的开创者。他14岁进入普夫达中学，此时音乐和诗歌是他的精神寄托。20岁那年，他进入波恩大学攻读神学和古典语言学，后跟随古典语言老师一起去了莱比锡大学。

在莱比锡期间，尼采接触到了叔本华的著作，并沉浸其中。24岁时，尼采被瑞士巴塞尔大学聘为古典语言学教授，并获得瑞士国籍。因为在巴塞尔大学的一篇就职演说，他成了巴塞尔学术界的翘楚，并被聘为正教授。

德法战争爆发后，尼采要求上前线，由此体会到了"生命意志"。1872年，他发表了《悲剧的诞生》，接下来的几年，他又先后发表了四篇长文。1879年，他辞去巴塞尔大学教授一职，开始游历生涯，并进入创作黄金期，无奈他的许多思想并未被人理解。

1889年，尼采在都灵大街上抱住一匹正在受马夫虐待的马的脖子，最终失去了理智。1900年8月25日，这位生不逢时的思想天才在魏玛与世长辞，享年56岁。就在他撒手人寰后不久，他的学说和惊世骇俗的口号不胫而走。

✒ 生命本身就是权力意志

尼采和叔本华一样，认为世界的本质是意志，但他所说的"意志"不同于叔本华的"生命意志"，而是"权力意志"。他说："生物所追求的首先是释放自己的力量——生命本身就是权力意志。"

所谓"权力意志"，是一种具有支配作用的强大力量，是强大生命力对弱小生命力的控制与侵吞，一切生物、自然事物和过程的本质都是权力意志。

对人而言，追求食物的意志、追求财富的意志，追求奴仆的意志，都是权力意志的表现；对生物而言，有机体摄取营养也是"权力意志"去侵占和吞噬环境；物理中的引力与斥力，化学中的分解与化合，依然是"权力意志"的侵占与征服。为此，尼采宣称："这个世界就是权力意志——岂有他哉！"

✒ "上帝死了……"

以这一观点为基础，尼采抨击了理性主义和基督教传统道德文化，他提出了"重新评估一切价值"的口号，并号称"上帝死了"。他的意思很明显，就是要颠覆传统文化。

从前，"上帝"为人们的生活提出目标，赋予意义，而今"上帝死了"，基督教的信仰崩溃了，人的生活不再受上帝的束缚，人自由了，人变成了自己的上帝，可以自己做决定，自己对自己负责。在没有上帝的世界里，一切价值都由人自己建立。

尼采认为，传统的价值都是对权力意志的否定和压制，基督教所宣扬的思想让人变得懦弱无力，这是弱者为了限制强者而设下的诡计。他把达尔文的生存竞争说引入到自己的哲学中，声称生命就是权力意志，就是弱肉强食，就是要通过淘汰弱者来实现进化。

✍ 超人哲学

在尼采看来，"权力意志"既是摧毁过去一切价值的标准，也是建立新的价值体系的基础。遗憾的是，"权力意志"无法为全人类提供一个统一的生活目标。为此，尼采又提出了"超人哲学"。

尼采认为，正如必须重新创造一种新的价值体系来挽救人类道德的堕落一样，必须要有一个"超人"来挽救人类自身可悲的退化。所谓"超人"，就是用新的世界观、人生观构建新的价值体系的人。

"超人"应当具备如下特质：他是超越自身、超越弱者的人，能够充分表现自己、主宰平庸之辈；超出善恶观念之上，不受良心的谴责；他是真理与道德的化身，是规范与价值的创造者和占有者；他绝对自由、自足而又自私；能忍受痛苦的折磨，又能在折磨中崛起。

如何才能创造出"超人"呢？尼采指出，超人的成长需要险恶的环境，环境越恶劣，超人越有可能出现，这就如同参天大树必须经历暴风雨的洗礼。

在尼采看来，只有少数勇敢者，创造者，权力意志数量多、质量高者，才有可能成为超人。历史上或现实中，还没有出现过超人，他也没有把自己视为超人，他只是意识到了人类的颓废与孱弱，认为人类也将被超人所超越。

哲思语

① 当你远远凝视深渊时，深渊也在凝视你。

② 一个人知道自己为什么而活，就可以忍受任何一种生活。

③ 但凡不能击垮你的，最终都会使你更强大。

④ 生命中最难的阶段不是没有人懂你，而是你不懂你自己。

存在即是被感知，观念不能离开人的心智

✍ 存在即是被感知

乔治·贝克莱（1685—1753年）是爱尔兰哲学家，与洛克、休谟一起被誉为英国近代经验主义哲学家的三大代表人物。

洛克曾经在一篇论文中提到了一个问题：一个天生视力缺失的人后来突然得到了视力，他能不能凭借视力判断出球体和立方体呢？洛克的回答是不能，贝克莱的观点与洛克一致，这个问题刺激了他对物质和感知进行深入思考，并先后写出了《视觉新论》和《人类知识原理》，提出了他自己的哲学观点：存在即是被感知。

当我们作为婴孩来到这个世界上时，对万事万物并无概念，那我们如何来确定物体的存在呢？贝克莱认为，唯有通过感知来确定。距离的大小，可以通过移动来确定；体积的大小，可以通过触摸来确定。因而我们所知道的万物，无不是通过感知而知道的。因此，是否可以说：如果某种事物，不能被我们通过任何方式感知到，那么它便不存在呢？

这里所说的"存在"，就是贝克莱定义的存在。

在他看来，既然观念的存在在于被感知，那就意味着，感觉事物的存在就在于被感知，因而一切事物的存在就在于被感知。因为"具有一个观念和感知一个观念完全是一回事""对象和感觉是一种东西"，所以，事物的存在就是被感知，也可以说，存在即被感知。

✒ 观念不能离开人的心智

有一次，贝克莱与朋友在花园散步。朋友不小心踢在了一块石头上，随即就对贝克莱的"存在即是被感知"的观点提出了疑问："我刚才没注意到这块石头，那么这块被我踢了一脚的石头到底存不存在呢？"贝克莱稍加思索后，说："当你的脚感觉到疼了，石头就是存在的；如果你的脚没感觉到疼，石头当然就不存在。"

贝克莱认为：观念不能离开人的心智，世界上存在的只有能进行思考的心灵和不能进行思考、只存在于心灵之中的观念，我们所感知的只是观念，感知不到的观念，对于心灵来说就是不存在的。

不过，对于别的感知到它的心灵来说，这个观念就是存在的，因为所谓的"心灵"不仅仅是指我的心灵，而是指所有的心灵，包括永恒不朽的心灵——上帝。上帝给予所有观念以感知，于是它们即使不为人所感知，也是存在的。

这就好比，无人去过的山谷中开了一朵百合花，它存在吗？

存在，因为它被上帝所感知。

哲思语

① 当我闭上眼睛的时候，世界上所有的悬崖都不存在了。

② 当你真的知道自己的时候，也就是知道别人的时候。

人只有在与自然的联系中才能理解自己

费尔巴哈早期属于青年黑格尔派，但随着其思想的发展，他和唯心主义彻底分裂，站到了唯物主义的立场上。费尔巴哈哲学的基本范畴是以自然为基础的"人"，并用以否定黑格尔的绝对理念和基督教的上帝，阐述自己的社会伦理思想。所以，费尔巴哈的哲学体系，也称为"人本学"。

✍ 人是自然的产物

费尔巴哈认为：自然是"有形的、物质的、感性的"，其根本是物质的，不以人为转移而永恒存在着。人是自然的产物，唯有把人和自然环境联系起来，才能理解人和解释人；人也只有在与自然的联系中才能理解自己。因此，人是可以认识自然界的。

同时，人是肉体与灵魂相统一的感性实体，是有形体的，这就是人的肉体；而人的精神、思想、情感、意志等，即所谓的灵魂，依赖于肉体，与肉体不可分割地联系在一起，随同肉体而存在、成长、消亡。因而，"思维与存在的统一，只有在将人理解为这个统一的基础和主体的时候，才有意义，才有真理"。

鉴于此，费尔巴哈对人的本质做出了自己的判断，他认为：人是自然的产物；人是以感性为基础的感性与理性的统一体；人不是一个孤独的"自我"或"主体"，任何一个人只有作为人类的一分子才能存在，只有依靠人类才能认识世界。

① 凡是活着的，就应该活下去。

② 你的第一个责任，就是使你自己幸福。你自己幸福
了，你也就能使别人幸福。因为，幸福的人愿意在自
己周围只看到幸福的人。

没有我的知觉，就没有事物的本质

人是万物的尺度

普罗泰戈拉是古希腊的一位哲学家，因善辩而闻名。

普罗泰戈拉最负盛名的主张是那句"人是万物的尺
度"，意思是指：除了人所察觉到的部分外，真理并不
存在。这一观点的基础在于，世上没有任何事物是可以
依照其自身而确认其本质的，恰恰相反，事物都是借由
与其他事物的互动来获取其本质的。

按照普罗泰戈拉的观点，没有任何事物"是"某

件东西，每件事物都处于一种"变成"某物的过程中，而"变成"某物的过程就是与其他事物发生关联的过程。

举个例子：白色这种颜色，并不在我们的双眼之内或之外，它是我们自身与所知觉之物互动的结果。所有知觉的性质，都是如此。如果我觉得风热，而你觉得风冷，那么风同时对我而言为热，且对你而言为冷。这并不是说，风同时是热的又是冷的，因为温度并不存在于风本身，而只存在于风与感觉风冷或热的人之间的关系中。

✒ 没有我的觉知，就没有事物的本质

既然事物只能够通过被某人知觉的方式来获取其具体的本质，那么我知觉某物的方式就永远不能说是错的。事物的本质无法反驳我，如果没有我的知觉，也就没有事物的本质。同样，其他人的证据也无法反驳我，因为他们的知觉与我的知觉毫无关系。

这里有一个问题：当一个人精神错乱的时候，他会认为自己是拿破仑，但他却不是那个征服伊比利亚半岛的人。对此，普罗泰戈拉认为，对"这个人"来说，他

可以真的是拿破仑，因为这个"拿破仑"与精神医生知觉到的"拿破仑"是两个不同之物，而不是对同一物产生了歧见，因为事物的本质是依靠该事物与知觉者之间的互动决定的，而现在处于疯狂状态中的人，与头脑清醒时的他，是两个不同的知觉者。

普罗泰戈拉的观点，可以总结为一句话："人是万物的尺度，是存在者存在的尺度，也是不存在者不存在的尺度。"他的这一命题，强调了人的作用与价值，表现出了个人主义思想倾向，后来也成为人道主义的一个命题。

哲思语

① 头脑不是一个要被填满的容器，而是一支要被点燃的火把。

② 任何问题都有两个方面。

每个人认识的世界，都是个人的世界

✒ 孤独的沉思者

一百多年前，他写下了这样一段话："我只有一个朋友，那就是回音。为什么它是我的朋友？因为我爱自己的悲哀，回音不会把它从我这里夺走。我只有一个知己，那就是黑夜的宁静。为什么它是我的知己？因为它保持着沉默。"

把回音当朋友，把宁静当知己，字里行间都透着一股忧郁而神秘的味道。这是一个哲学家的心声，也是一个诗人的感言。这位孤独的沉思者，就是索伦·克尔凯郭尔。

克尔凯郭尔一生几乎没有朋友，他对外界永远保持敌对的姿态。他一个人默默地品味着孤独，并把孤独视为一种选择、一种享受。正是这种特殊的性格，让他可以更多地去思考个体的存在，因而发展出了自己的创见。

✒ 存在哲学

19世纪，黑格尔哲学正盛行，但克尔凯郭尔却认为，黑格尔哲学是用思想整体来牺牲个人的哲学，是对人的地位与尊严的蔑视。在他看来，哲学家最应探讨的是现实中的人生问题，在此基础上，他创造出了对自己进行关心的哲学——存在哲学。

个体，是克尔凯郭尔存在哲学的基点。他认为，人都具备自己独特的个性，都是一个与其他一切存在物不同的独特的主体。每个人所面对的世界都是他个人所体验到的世界，不同于他人体验的世界。换而言之，你有你的世界，我有我的世界。只有从每一个独特的个体出发，才可能了解这个人本身及其所关联的世界。他曾说："忘记想到自己是一个生活着的个人，就绝不能解释生活。他不过是为了成为一本书或某个客观事物，而试图不再成为其他人。"

从上述观点出发，克尔凯郭尔得出：即使存在着客观世界，存在着客观真理，人们也无法认识。人们所认识的只能是个人的世界，所掌握的真理也只是相对个人的真理，是主观的。总而言之，全部哲学的出发点只能是个人。

每一个人都是孤独的个体，有着独特的情感，无法用语言来表达，也无法用逻辑来论证，更不能被真理所掌握，只能靠个人内在的主观体验才能领会。这就好比，作家能够描绘出一种爱情，但无法描绘出爱情的内蕴，只有恋爱的人才能够领会。因此，克尔凯郭尔强调，个人存在"不可能用抽象的语言来表达"。

哲思语

① 个体存在的本质就是孤独的。

② 如果不得不在自己的墓碑上写些什么，我愿意写上的不是别的，而是"这个个体"——一个人若能真正地独自立于这个世界，只是听从自己良心的忠告，那么他就是一位英雄。

想要确立自己的本质，只能依靠行动

✒ 存在主义的集大成者

20世纪有这样一位思想大师，他一生都在积极鼓吹西方社会主义，且怀有怜悯之心。在战后的历次斗争中，他始终站在正义的一方，却从不接受任何奖项，包括诺贝尔文学奖。这个特立独行的思想家，就是法国哲学家、无神论存在主义的代表人物——让·保罗·萨特（1905—1980年）。

"二战"期间，萨特入伍并被俘，战争的经历让他不再单纯关注个人，而是开始关注社会现实，并创作了大量的作品。1943年，他出版了自己的哲学专著《存在与虚无》，指出存在先于本质。实际上，存在主义产生于德国，后传到法国，在萨特这里发扬光大。

正因如此，有人对萨特做了至高的评价："法国在萨特之后就再也没有一位真正的思想家。"作为存在主义的集大成者，萨特摒弃了宗教神秘主义和非理性主义，形成了他自成体系的哲学——无神论的存在主义。

存在先于本质

在萨特看来，人就像一粒种子偶然地飘落到这个世界上，没有任何本质可言，只有存在着。想要确立自己的本质，只能依靠自己的行动。因此，人不是别的东西，仅仅是他自己行动的结果。他把纯粹的主观性（自为），视为人的基本存在和哲学的出发点，由此推导出外部客观世界的存在，把人的存在视为第一性的。基于此，他提出了"存在先于本质"的观点。

"存在先于本质"大致是说：人最初因一种纯粹的主观性而存在，人的本质及各种特征都是后来由主观性自行选择和造就的。世间本无人类本性，因为世间没有设定人类本性的上帝。人，就是由自己造成的东西。物与人不同，它们无法选择和造就自己的本质，它的本质是由人的意志赋予的，是人按照自己的需要、目的，通过意识的作用，让它有了某种意义和价值，然后才作为某物存在于世上。在物出现之前，它的本质已经先存在于人的意识中了。所以，物是本质先于存在的。

萨特的观点把人和物做了彻底的区分，从而肯定了人的价值和尊严，强调了人的主观能动性、人的地位和作用。可以说，他的存在主义实际上是一种行动哲学。

哲思语

① 你之所以看见，正是因为你想看见。

② 人有选择的权利，人通过选择获得自己的本质。

③ 人是注定要受自由之苦的。因为他并没有创造自己，但却是自由的。因为一旦被扔进这个世界里来，他就必须为他所做的每一件事负责。

人是能思考的芦苇，可以设计自己的命运

布莱士·帕斯卡是法国著名的哲学家，他在《思想录》中写过这样一段话：

"人只不过是一根芦苇，是自然界最脆弱的东西，但他是一根能思考的芦苇。用不着整个宇宙都拿起武器来才能毁灭他；一口气、一滴水就足以置他于死地了。然而，纵使宇宙毁灭他，人却仍然要比置他于死地的东西高贵得多；因为他知道自己要死亡，以及宇宙对他所具有的优势，而宇宙对此却是一无所知。"

相比大自然中的其他生物来说，人的确很渺小。人的肉身很脆弱，且弱点颇多，力气不如野兽大，视力不如家犬强，声音不如百灵美，外表不如孔雀靓。但是，人的思考和智慧却可以超越时间，横贯万里，而这也是人类最值得骄傲的地方。上帝创造了宇宙，似乎是一定要让这宇宙败坏的；可创造了人类，人类却能够自由地设计自己的命运。

帕斯卡这番话的意思，并不是要强调人的渺小，相反他是发现了人的高贵。思考是人与生俱来的权利，尽管它不一定全都指向真理，但不思考却必然会走向愚昧与盲从。一株思考的"芦苇"是脆弱的，可一望无际、

郁郁葱葱的"芦苇荡"爆发出的创造力却是难以想象的，也是不可战胜的。

哲思语

① 假如人只能自己单独生活，只会考虑自己，他的痛苦将是难以忍受的。

② 人充满了各种需要，他只爱能够满足一切需要的人。

③ 我们必须让自己的思想深藏不露，跟其他人一样说话，但是，要通过自己的思想做出正确的判断。

存在着的物就是人，唯有人存在着

海德格尔认为，西方传统哲学中最大的问题在于：只研究什么是存在者，却忘了研究存在本身；只研究谁是存在者，不问谁在问存在者这个问题。因此，他认为：柏拉图当时指出的"存在"的真正意思，并没有人真的懂了，他要重新提出并阐述它的意义。

海德格尔说："岩石在，但它们并不存在；树木在，但它们并不存在；马匹在，但它们并不存在；天使在，但他们并不存在；上帝在，但他并不存在。"

那么，究竟什么存在呢？他的答案是："存在着的物就是人，唯有人存在着。"

为什么要说岩石、树木都不存在呢？

很简单，因为它们是一种固定的、现成的存在，没有自由意识。人有自我选择和自我控制的自由意识，因此人是一种可能的存在。

当然，需要指出的是，海德格尔并不是一个人类中心主义者，他只是想让人担负起存在的责任，这就有了那一句名言："人，是存在的看护者。"

哲思语

① 人生的本质是诗意的，人是诗意地栖息在大地上的。

② 人活在自己的语言中，语言是"人存在的家"，人在说话，话在说人。

③ 最不抱希望的时刻，痛苦常是意外的宽慰。

哲学的 **3**
终极追问

什么是真正的自由？

第欧根尼

约公元前 412- 前 324 年

犬儒学派代表人物

代表作《共和国》

从哲学中，我至少学会了要做好准备去迎接各种命运。

✍ 不要挡住我的阳光

公元前324年，哲学家第欧根尼在科林斯寿终正寝。次年，亚历山大大帝在巴比伦去世，享年33岁。他们两个是当时希腊最有名的人，一个战功赫赫，是世界的征服者，被万众称为神；一个是靠乞讨为生的穷哲学家，被市民称为狗。即便身份悬殊，可他们之间似乎总有着一些微妙的关联。

当年亚历山大巡游某地时，正碰见躺着晒太阳的第欧根尼。亚历山大大帝走上前去自我介绍，说："我是大帝亚历山大。"第欧根尼依然躺着，回应了一句："我是狗儿第欧根尼。"亚历山大又问："我能为您做点什么吗？"第欧根尼说："有的，就是——不要挡住我的阳光。"亚历山大大帝听后，感慨地说："如果我不是亚历山大，我愿意做第欧根尼。"

据说，第欧根尼住在一个木桶里，他所有的财产就是一个木桶、一件斗篷、一根棍子和一个面包袋。他躺在光溜溜的地上，赤着脚，胡子拉碴，半裸着身子，俨然一副乞丐或疯子的模样。他没有工作，无家可归，偶尔会向路人讨个面包或几颗橄榄，然后蹲在地上吃，再用手捧点泉水喝下去。

✒ 犬儒哲学

第欧根尼流浪街头，并非因为他出身贫寒。事实上，第欧根尼的父亲是辛诺普城邦的一个银行家，只不过他在替父亲管理银行时铸造伪币，致使父亲入狱而死，自己也被驱赶到了城邦之外。离开了辛诺普后，他去过很多地方，后来认识了苏格拉底的学生安提斯泰尼，并拜他为师。安提斯泰尼崇尚简单的生活，最终将其发展成了一种人生哲学——犬儒哲学。

之所以被称为"犬儒"，是因为当时奉行犬儒主义的哲学家们，言行举止甚至生活方式跟狗的某些生活特征很相似，旁若无人，放浪形骸，却忠诚可靠、敌我分明、敢咬敢斗，所以人们就把这些人称为"犬儒"，意思是"像狗一样的人"。

犬儒派认为：人的苦痛有两种，一种源于物质，一种源于精神。精神上的幸福快乐才是真正的快乐满足，人应当摆脱世俗的利益去追求唯一值得拥有的善。

✒ 重估一切现存价值

尽管犬儒哲学是由安提斯泰尼提出的，但他的名声最终还是被弟子第欧根尼盖过了。第欧根尼拒绝接受一切的习俗，他有一句名言："重估一切现存价值。"他认为，文明的主要价值，比如高贵的门第、显赫的声誉，全都是罪恶的装饰品，"自然"其实比"文明"更加真确，所以应当返回自然、遵从自然，过简单简朴的生活。唯有这样，心灵才能得到自由。

出于这样的哲学观点，他对一切崇尚文明的观点都做了无情的批判和讽刺。他不在乎别人怎么说，决心理直气壮地像狗一样活下去。他立志揭穿世间的一切伪善，追求真正的德行，从物欲中解脱出来，获得心灵的自由。

哲思语

① 教育是人在顺境中的饰物，逆境中的避难所。

② 时间甚至可以摧毁青铜，但永远不能摧毁你的光荣，因为只有你向凡人指明了最简单的自足生活之道。

③ 人实在不需要床榻和椅子等诸如此类的家具，动物睡在地上也过着健康的生活。既然大自然没有给我们穿上适当的东西，那我们唯一需要的是一件御寒的衣服，某种躲避风雨的遮蔽。

自由意志是深思熟虑后，
余留下来的欲求或厌恶

托马斯·霍布斯（1588—1679年）出生在英格兰威尔特郡的马姆斯伯里，他从小就显露出惊人的才能。他4岁开始在马姆斯伯里教堂接受教育，后进入私人学校就读，15岁就进入了牛津大学攻读古典哲学和经院派逻辑，毕业后留校任教。

英国资产阶级大革命初期，霍布斯成为大资产阶级和新贵族的哲学代言人，反对"君权神授"的观点。因害怕遭受牵连，他在1640年英国革命爆发前逃亡到法国。后来，由于发表《利维坦》一书宣传无神论，霍布斯遭到教会的迫害。

从哲学层面来说，霍布斯是严格的决定论者，他认为：一切经验的发生和将要发生的结果，都在先行的事物中有其必然性。伦敦的布兰霍尔主教十分反感霍布斯的自由意志观点，为了维护宗教信仰的权威，他给霍布斯下了战书，要与他单挑，公开辩论自由意志的问题，霍布斯欣然接受。

布兰霍尔主教首先发表演讲，用他那充满磁性的声音赢得了全场的掌声："所有的基督信徒都知道，自由的意志只能属于上帝，不属于任何一个人。我们都是上帝的臣民，只能匍匐在上帝的脚下，听从上帝的召唤。我们的意志，是以上帝的意志为意志；我们的自由，是以上帝的自由为自由……"

霍布斯向在场的听众礼貌地鞠了一躬，而后若有所思地说："我认为，在讨论自由意志之前，我们必须把什么是自由意志的问题搞清楚。所谓自由意志，无非是经过深思熟虑后，余留下来的欲求或厌恶。"

会场的听众们起初窃窃私语，而后慢慢变得安静起来，大家都知道什么是欲求，什么是厌恶，但"余留下来的欲求或厌恶"指的是什么，他们却是一头雾水。这个时候，布兰霍尔主教接过话茬："请大家注意，这就是所谓的哲学家惯用的伎俩。"

霍布斯并未理会布兰霍尔主教的话，开始进行他的"解释"："任何人在任何时候，都有可能在思想中萌生某种念头，这种念头可大可小。当这种念头还处于萌芽阶段时，它的发展就必然会受到某种作用的影响。如果它趋向什么，那就可以称之为欲求；如果它躲避什么，那就可以称之为厌恶。"

听众们没有做出任何的负面反应，霍布斯便继续说："我认为，爱和欲望是一回事，憎和厌恶也是一回事。倘若某样东西是欲望的对象，那它就是'好的'；倘若它是厌恶的对象，那它就是'坏'的。所谓的自由，是指在不受外界阻碍的时候，依照它本来的趋向而运动的状态。没有石头的阻碍，水流的趋向就是从高处往低处流。自由的意志，也就是人的欲望和厌恶不受任何外部力量作用的必然状态。"

听到这里，布兰霍尔主教有点儿沉不住气了，他无视辩论的规则，开始抢话："霍布斯先生所说的'好'与'坏'，不是以上帝的意志为标准的，这就会引发一个问题：如果你认为'好'的东西，而他却认为是"坏"的，那该怎么办？我们都要以上帝的好与坏作为评判事物好坏的标准，这样世界才会平静。"

对于布兰霍尔主教提出的观点，很多教徒都表示认可。然而，霍布斯却并未动摇，他指出："倘若真的能够以上帝的好坏作为评判事物好坏的标准，那固然是好事。可在现实生活中，这是不可能的，正因为人们并不是以上帝的标准作为自己的评判标准，才导致了那么多的战争，以及明抢豪夺的现象出现。只要我们是现实主义者，就不难看出，现实的世界是多么残酷、多么无情。"这番带有强烈感情色彩的话语一出口，立刻赢得了全场的掌声。

① 权利的相互转让就是人们所谓的契约。

② 人每违背一次理智，就会受到理智的一次惩罚。

③ 和其他所有的东西一样，一个人是否举足轻重，在于他自身的价值；也就是说，在于他发挥多大的作用。

放弃迷乱心智的外物，借由理性通往自由

哲学的目的是求得至善和幸福，那么人最高的幸福是什么呢？

斯宾诺莎说："世界上因为富有资财而遭受祸害以致丧生的例子很多，世界上忍受最难堪的痛苦以图追逐浮名而保全声誉的例子也不少，至于因过分放纵肉欲而加速死亡的人更是不可胜数。"在他看来，外在的名利财富都不是人的最高幸福，反而还会给人带来痛苦。要放弃迷乱心智的荣誉、财富和肉欲，去寻求"真正的善"，即认识自然，提高科学和文化水平，获得"人的心灵与整个自然相一致的认识"。

如何来实现这一点呢？斯宾诺莎认为：首先，要寻求一种医治理智和纯化理智的方法，使理智可以正确圆满地认识事物；其次，要建立适当的社会秩序，使多数人易于达成这个目的。

他比较认可当时盛行的社会契约论，在他看来："每个人把他的权利全部交给国家，国家就有统御一切事物的天然之权。国家有唯一绝对统治之权，每个人都必须服从，否则就要受到惩罚，这样的整体就是一个民主政体，这也是最自然、与个人自由最相合的整体。"

斯宾诺沙认为，借助国家的存在来促使每个公民克服自己的情感欲望，避免不合理的欲求，使人受理性的控制，以理性为指导去获得自由，才能获得幸福。

哲思语

① 理性能使人自由。

② 人心不是靠武力征服，而是靠爱和宽容征服。

③ 为热情所驱的人，骑的是一匹疯狂的马。

控制心灵比肉体惩罚更能令人心生畏惧

米歇尔·福柯（1926—1984年）是法国哲学家、社会思想家，被认为是一个后现代主义者，其主要作品有《疯癫与文明》《规训与惩罚——监狱的诞生》以及《性史》。这些作品基本上都围绕同一个主题展开，那就是权力与知识之间的关系，以及权力如何被运用于控制和决定知识。

权力机关所称的"科学知识"，实际上就是社会控制的手段。福柯揭示了18世纪的人们如何利用"疯癫"来分类并侮辱那些精神病人、穷人、无家可归者以及任何发表不受待见的个性言论的人。"疯癫"被视为"理性"的反面，这不是因为人们对医学知识一窍不通，而是因为他们认识到，这可以作为一种有效的社会控制手段。

在研究监狱诞生的作品中，福柯探讨了权力与知识的主题。他对法国用监禁代替公众处决的过程进行了记录，并声称当局的做法是因为他们意识到了——控制心灵是比惩罚肉体更有效的社会控制手段。对人们来说，长时间的、具有羞辱性的惩罚，比快速残忍的解脱、获得死刑的惩罚，是更为可怕的折磨。

在对性的考据上，福柯依然认为，在统治手段方面，控制心灵比控制肉体更有效。

这种全新的论点，在弗洛伊德的精神分析方法中得到了承袭，尽管在中世纪时期，性只是肉体上的事，可弗洛伊德却把它重新定义为心灵的心理特征，因而把重点从人的性行为转移到性意愿上。性行为可通过人们对性的态度得以控制，这一态度被视为人们自我认同的一部分。虽然社会鼓励个体比过去更加自由大胆地表达性倾向，但人们还是会因为担心暴露自己的性倾向导致暴露自己的根本性格而有所顾忌。所以，从控制手段上讲，关注人们对性的态度，是非常有效的。

福柯的作品是在强调，我们所认为的知识以及我们用来了解自身的概念，如理性、常态、性等，都是根据情况而定的，也是变化的。换而言之，它们不会按照某一种发展道路而演变，或是代表一种持续性的发展，而是根据当局用来控制并规范个人行为的需求而不断变化的。

哲思语

① 知识变得越抽象复杂，产生疯癫的危险性就越大。

② 变态是符合人性却背离理性的行为。

③ 只要我们不断校正自己的行为与真理的关系，每个人都可以成为哲学家。

自由是指我们知道自己正在做什么

✒ 记忆与知觉

法国哲学家柏格森，是直觉主义和生命哲学的代表人物。

柏格森研究过失忆的问题，特别是失语症。他认为，人的脑部受了伤，就会损害其整体的语言能力；而不是脑的某一部分受伤，语言的某一部分就会遗失。如果是后者的话，当我们把电脑的芯片放进人脑里，人就可以重新获得所有的信息。电脑可能会这样，但人脑却不一样。如果人脑可以分割，每一部分处理不同的问题，某些人就会加强某一部分脑的功能，让它特别发达。可实际上，人脑并非如此，它关系到人的整体能力。

柏格森认为，人的记忆有两种：一种是类似马达的机械式记忆，就像鹦鹉学舌；另一种属于精神上的记忆，如果从某人的整个过去中抽离出来某一段，他的过去不会因此消失，依旧是他的整个生命。所以，我们对于过去发生的事，都会尽量去想美好的经验，只是在想到的时候，各种复杂的感情会随之浮现，爱恨交加。

人的记忆是针对过去的经验对象，而针对现在的对象则是知觉。知觉是为了掌握现在的对象，而记忆是为了掌控过去的对象，两者需要携手合作。我看到这个门帘是黄色的，就门帘是黄色而言，我无法改变它，可在我的记忆里门帘也可以是绿色的。所以，记忆就属于精神层面，它可以让我们对过去发生的事情做出一些调整。

在探讨记忆的问题时，柏格森是以大脑为研究对象的，有相当的科学基础，而不是靠玄想的哲学。他认真研究大脑的结构，看在它受伤后人会出现什么样的症状，就是为了强调物质和心灵以这样的方式直接联结。

✒ 人的自我就是他的意识

在柏格森看来，身体与心灵是两个不一样的东西，但真正属于人的还在于心灵。

他认为，人的自我就是他的意识，他的意识就是绵延的整体。所以，身体是"我"要执行"我的意识"的一个工具。任何一个行为，如果是由"我的意识"所决定的，就等于由我的整个生命在决定，且这个行动是自由的，是属于"我"的行动。

换而言之，如果行动只是一个机械化的运作，不是"我"的整个意识在决定，那么这个行动就是外在的。就拿敬礼来说，如果没有整个生命的敬意作为基础，那就不代表尊敬，只是手在完成某一个动作而已。人可以表现许多行动，但不属于自己；人也可以表现某些行动，是自己真正想要做的。所谓自由，其实仅仅是指我们知道自己正在做什么。

哲思语

① 秩序是主客观之间的一致，是在事物中发现自我的精神。

② 真正的谦虚，只能是对虚荣心进行了深思以后的产物。

③ 眼睛只能看到心愿意理解的事。

把握自己的自由，创造自己的命运

　　克尔凯郭尔被誉为存在主义之父，存在主义哲学强调的是要关注每一个人的生存状况，关注每一个人的存在意义。在克尔凯郭尔之前的哲学家们，一直关注的都是如何理解世界、如何理解道德等大问题，很少有人关注每个人的生活，以及每个人在生活中的痛苦。

　　对此，克尔凯郭尔觉得有所欠缺，他立志要做一个真正关心每一个人生活的哲学家。他在作品中批评了当时最有影响力的黑格尔的观点，他说："黑格尔的哲学就像一个大宫殿，但人始终还是住在自己的小破屋里。"他要让自己的哲学成为能够喂饱每一个人的面包，做一个能真正让人填饱肚子的哲学家。

　　克尔凯郭尔在作品中讲过这样一个寓言故事：某剧院的后台突然起了一场大火，一个小丑跑出来通知观众，但观众却以为那是个笑话，纷纷鼓掌喝彩。小丑重复了警告，但观众们却喧哗得更加热闹。

　　在克尔凯郭尔看来，他自己就像那个小丑，向世人宣告着危险，却没有人理会。他认为，人时刻都在面临死亡，可多数人在生活中却忽略了这个事实。他们总在琢磨一些细碎的问题，譬如"我的袜子坏了吗"，等等。他们就像剧院里一心想看笑话的观众一样，可怜又可悲。

克尔凯郭尔强调，人的生命是很脆弱的，正因为此，人们才要努力把握自己的自由，并创造自己的命运，成为一个伟人。

哲思语

① 信念是支撑理性的，而不是相反。

② 只有向后看才能理解生活，但要生活好，则必须向前看。

③ 衡量一个人的标准是：在多长的时间里，以及在怎样的层次上，他能够甘于寂寞，无须得到他人的理解。能够毕生忍受孤独的人，能够在孤独中决定永恒之意义的人，距离孩提时代以及代表人类动物性的社会最远。

人生而自由，却无所不在枷锁之中

卢梭在《社会契约论》的开篇写道："人生而自由，却无所不在枷锁之中。"

他认为，在社会国家出现前的自然状态下，每一个人都是自由、平等和善良的，自由、平等是天赋人权，自从出现了私有财产，人类便陷入了你争我夺、尔虞我诈、强凌弱、富欺贫，纷纷扰扰。有人无所事事却因过度饮食而死，有人终日劳动却因饥饿而亡，在卢梭看来，这都是私有财产的后果。有了私有财产，便产生了文明社会，便出现了人压迫人的现象，到了封建君主专制时期，这种不平等状态达到了极点。

卢梭认为，无论一个政府以何种形式存在，如果它不能对每一个人的权利、自由和平等负责，就破坏了作为政治职权根本的社会契约。他强调，统治者和被统治者的契约应当重新思考，政府不该只保护少数人的财富和权利，而是应当着眼于每一个人的权利与平等。最好的办法就是"回归自然"，恢复到"自然状态"中。这里说的"自然状态"并非原始社会，而是建立一个小私有者的，实行体现人民主权、体现公义的法律，用法制代替君主专制统治。同时，他还主张，政治不应与道德分离，国家一定要捍卫自由。

可见，卢梭的社会理想，是一个小国寡民、小康则宁的国家，它反映了小资产阶级的利益和要求。可惜，受资产阶级的世界观和阶级偏见所限，卢梭未能科学地揭示社会不平等的起源，从而也找不到消灭不平等的正确之路，使之陷入了空想。

哲思语

① 我们要避免我们的义务与我们的利益发生冲突，避免从别人的灾难中企望自己的幸福。

② 人是生而自由的，但却无所不在枷锁之中，自以为是其他一切的主人，反而比其他一切更像奴隶。

③ 我们生来是软弱的，所以我们需要力量；我们生来是一无所有的，所以我们需要帮助；我们生来是愚昧的，所以需要判断的能力。我们在出生的时候所没有的东西，我们在长大的时候所没有的东西，我们在长大的时候所需要的东西，全都要由教育赐予我们。

自由是人性的天赋，不应该受到任何侵犯

许多哲学家都曾就"自由"这一概念做出过自己的论断，伏尔泰（1694—1778年）就是其一。他是法国启蒙思想家、哲学家，把自由的原则作为自己终生奋斗的

理想，并将争取个人自由放在了启蒙运动的首位，他曾这样说道："人性的最大天赋就叫作自由。"

伏尔泰所谓的自由，指的是去做那些自己思想所绝对要求去做的事的那种权利。在他看来，自由是人性的天赋，不应该受到任何侵犯。伏尔泰很崇拜英国的哲学意识形态，且在政治制度方面也是英国君主立宪制度的鼓吹者，认为英国的模式可帮助法国解决专制政体、阶级矛盾等问题。他认为，几乎在所有的专制制度下，人们都丧失了自身的自由。

在《哲学通信》中，伏尔泰谈道："建立一个合法的法律国家需要人的理性，以此来保障人身及财产的全部自由、向国家提意见的自由以及信仰的自由……只能在一个由自由人所组成的陪审团面前，才可享受刑事审问的自由，以及不管是什么案件，只能按照法律条文的明确规定来裁判的自由……"

这种取消特权、坚持自由平等的思想，唤醒了人们的理性认识，也得到了广泛的传播，为声势浩大的法国资产阶级大革命做了思想上的铺垫。虽然伏尔泰没有看到发生在他身后的大革命，可他却被公认为思想启蒙运动的领袖和导师，也被誉为18世纪欧洲的思想泰斗。

哲思语

① 我不同意你的观点，但我誓死捍卫你说话的权利。

② 人生布满了荆棘，我们知道的唯一办法是从那些荆棘上面迅速踏过。

③ 书读得越多而不假思索，你就会觉你知道得很多；而当你读书而思考得越多的时候，你就会越清楚地看到，你知道的还很少。

自由意味着选择，选择意味着责任

　　萨特说："事实上我们是存在于一个只有人没有上帝的世界上。陀思妥耶夫斯基说：'假如上帝不存在，一切事物都有可能。'这就是存在主义的出发点。"由此可见，萨特是一个无神论的存在主义者。他否认上帝对人类的干预，也否认各种形式的决定论。

✒ 自由选择

在萨特看来，人的选择即自由。他说的自由，并非逍遥自在之意，而是不断行动的自由，这种行动的自由体现在选择的自由上。

人不必考虑如何获得自由，不必选择通往自由的道路，选择本身就是自由，自由就是自由选择。无论一个人选择了什么，也无论该选择的结果如何，他永远都是自由的。只要一个人活着，必然也必须要选择，也就不可能不自由。

无论是个人还是群体，都在一定的环境中生存发展，脱离了一定的环境，人的生存和发展就是空谈，因而也就谈不上自由了。但是，萨特没有用"环境"一词来表述，而是用"处境"来替代。他认为，人不该被动地等死，更不该为了逃避现实而轻生，人应当珍惜自己的生命，在有生之年不断地自我选择和谋划，赋予生命价值和意义。

✒ 责任

萨特还强调，人既然是绝对自由的，那么无论发生什么情况，人都必须对自己的选择、行动和价值承担全部的责任。人从来不是孤立存在的，总会处于某种境况中，个人的选择必然会牵连到全人类。因而，人不仅要对自己负责，还应当对每一个人负责，这就是人的意义和价值。在这里不难看出，萨特已将存在主义变成了一种人道主义。

哲思语

神与国王都有痛苦的秘密，那就是——人是自由的。

哲学的 **4**
终极追问

哲学是感性还是理性的?

长跑健将阿喀琉斯永远也追不上乌龟

✒ 第一个提出悖论的人

阿喀琉斯是古希腊奥运会中的一名长跑冠军，然而有一个人却说，这个长跑健将永远也追不上乌龟。提出这一有趣说法的人，就是古希腊的哲学家芝诺。

芝诺（约公元前490—前425年）是古希腊著名的哲学家，出生在埃利亚城邦，是巴门尼德的学生兼朋友。据柏拉图在他的对话《巴门尼德》篇中讲，芝诺长得仪表堂堂，身材魁梧。但这一说法真假与否我们无从考证。在品性方面，据说芝诺品德高尚，蔑视权贵，反对僭主独裁，曾经因为谋反被僭主逮捕，备受折磨。

芝诺全力为老师巴门尼德的"存在论"辩护，但与老师不同的是，他并不是从正面去证明是"一"不是"多"，是"静"不是"动"，而是常常用归谬法从反方面去论证正面。他的议论，后来就成了有名的"芝诺悖论"，他是第一个提出悖论的人。

芝诺

约公元前 490—前 425 年

古希腊哲学家

第一个提出悖论的人

阿喀琉斯永远也追不上乌龟。

✒ 长跑健将追不上乌龟

公元前5世纪的评论家普洛克罗斯曾说，芝诺一共推出了40个不同的悖论。可惜，他的著作已经失传，人们只能从亚里士多德的《物理论》及其注释里了解芝诺的悖论。现存的芝诺悖论中，最著名就是"阿喀琉斯永远追不上乌龟"。

假设，乌龟的起点是A，那么阿喀琉斯首先必须跑到A点；当阿喀琉斯跑到A点时，乌龟已经走到了B点，阿喀琉斯又必须跑到B点，而此时乌龟又已经跑到了B前面的C点……依次类推，阿喀琉斯与乌龟的距离越来越近，但他永远在乌龟的后面，追不上它。

芝诺认为，快跑者永远赶不上慢跑者，因为追赶者必须首先跑到被追者的出发点，而当他到达被追者的出发点，又有新的出发点在等着他，有无限个这样的出发点。

他把运动假定为在空间可以无穷分割的点，承认了运动的间断性；不过，他尚未认识到运动的连续性，即运动的物体是既在这个点上，又不在这个点上，是不断前进的。运动着的物体，不可能达不到目的地而停留在无穷可分的1/2的地方。

尽管如此，芝诺能在那个年代提出阿喀琉斯和乌龟赛跑的论证，对人们还是有启发意义的，因为芝诺看到了时间空间概念里确实含有这种矛盾性。这个论证听上去有点滑稽可笑，但其实是能够引人深思的。

哲思语

① 所谓幸福，就是顺从宇宙以及遵守作为人类指导原理的理性生活。

② 人的知识就好比一个圆圈，圆圈里面是已知的，圆圈外面是未知的。你知道得越多，圆圈也就越大，你不知道的也就越多。

一切都是流动的，都在不断地变化

✒ 万物皆流，无物常往

赫拉克利特有一句名言："人不能两次走进同一条河流。"

这句话的意思是说，河水是不断流动的，你这次踏进河时的水，即刻就流走了，等你下次再踏进河时，水已经不是原来的水了。所以，你根本无法踏进同一条河流。

这句话形象地说明了客观事物是永恒运动的，也代表了赫拉克利特的主张——万物皆流，无物常往。据说，当他发现这一规律时还落泪了，因此得到了一个别名"哭泣的哲学家"。

对于此观点，恩格斯曾经评价说："这个原始的、朴素的但实质上正确的世界观，是古希腊哲学的世界观，而且是由赫拉克利特第一次明白地表述出来的：一切都存在，同时又不存在，因为一切都在流动，都在不断地变化，不断地产生和消失。"

✒ 对立与统一

除了"万物皆流"的观点，赫拉克利特还认为：事物是相互转化的。这是对立统一的思想。

△ 对立面的统一

一切事物都包含对立的两个方面，如一与多，冷与热，好与坏，善与恶，但对立物在根本上是统一的，如"疾病能使健康变得美好""坏事能让好事变得愉快"等。

△ 对立面的转化

对立的双方不是固定的，而是相互联系、相互统一，且不断地向着它对立的方向转化的。比如，冷的变热，热的变冷；湿的变干，干的变湿；等等。

△ 对立面的斗争

赫拉克利特认为，事物之所以会发生变化，原因在于对立面的斗争。斗争是事物变化的根源，如果没有斗争，那么宇宙也将不复存在。

✒ 认识的相对性

从对立统一的观点出发，赫拉克利特还提出了一个思想，那就是认识的相对性。他认为，任何事物都有相对的两面性，事物性质的差异取决于认识主体和评价标准的不同。比如：驴子情愿吃草，也不要黄金；最美的猴子跟人类相比，也是丑的。

赫拉克利特的思想，渗透着浓厚的辩证法思想。他是爱菲斯学派的创始人，也是古希腊辩证法思想的创始人。尽管他的辩证法是朴素的、自发的，带有循环论的色彩，可就他生活的年代而言，有这样的思想依然是很可贵的。他的思想观点以及贡献，得到了后世不少学者及哲学家的肯定与赞扬。

哲思语

① 一切都在流动，没有什么是静止的。
② 看不见的联系比看得见的联系更牢固。
③ 人生在世，有如黑夜点灯，天明了便吹灭。
④ 没有那些非正义的事情，人们也就不知道正义的名字。

审美是直观的，人们可以通过艺术摆脱痛苦

　　叔本华认为，理性不能认识世界的本质并认识真理，唯有艺术才是独立于根据律之外的客观事物的一种方式，他特别主张"审美直观说"。

　　所谓"审美直观说"，即美感的观察方式有两种不可分的成分：一是将审美主体视为"纯粹无意志"的主体自意识，而非个体；二是不把审美对象当成个别事物，而当作理念来认识。

　　关于审美直观说，叔本华强调：

　　第一，审美直观是超然的、幻觉式的、非功利的，

人们可以通过艺术摆脱人生的痛苦。

第二，审美直观是"自失"的，所谓"自失"就是审美主体或创作者在接触对象时的忘己境界，主体融入客体，客体融化主体，主客合一。

第三，审美直观是非理性的，直观是一种凝神静观，不是纯粹的理性认识。

他用主观性的"理念"取代了决定现象的自然力的本质，在直观形式中表现着理念的本质，如浮云飘荡的形象与作为有弹性的蒸气为有冲力的风所推动的本质，流动的溪水之漩涡、波浪等形象与随引力而流下的无弹性的透明液体的水的本质等。

这种直观说，是叔本华唯意志论的一大特点，也是他独树一帜的地方。

哲思语

① "美"是高级的"善"，创造"美"是最高级的乐趣。
② 事物的本身是不变的，变的只是人的感觉。
③ 把人们引向艺术和科学的最强烈的动机之一，是要逃避日常生活中令人厌恶的粗俗和使人绝望的沉闷，是要摆脱人们自己反复无常的欲望的桎梏。

不要依靠成见下结论，任何时候都要用大脑去思考

✍ 精神上的"助产士"

公元前469年，希腊雅典的一个男雕刻匠与助产士生了一个不太漂亮的男孩，那孩子长着扁平的鼻子、肥厚的嘴唇，眼睛凸出来，身体笨拙又矮小，被取名为苏格拉底。

因为生来相貌丑陋，家里的条件又不好，父亲认定这孩子不会有大出息。为了能让苏格拉底以后有点生存技能，父亲就让他跟随自己学习雕刻。

世人常说，人不可貌相；世人还说，上帝给你关闭了一扇门，必然会给你开一扇窗。其貌不扬的苏格拉底，天资聪明，勤奋好学，不久就成了一个技艺精湛的雕刻匠。他创作的一个题为"欢乐三女神"的群雕，曾经被放到雅典的卫城上。

苏格拉底还未成年时，带他学习雕刻的父亲就去世了。幸好，一个善良的雅典人很欣赏苏格拉底，愿意资助他在雕刻之余去学习知识。从此，苏格拉底看到了另

苏格拉底

约公元前 469—前 399 年

古希腊思想家、哲学家、教育家

我只知道自己一无所知。

外一个世界，他的人生之路也逐渐发生了变化，不仅仅停留在做雕刻匠的圈子里。

在那段时间里，他经常向各种有学问的人求教，读许多古代哲学家的著作，听当时有名的大哲学家阿那克萨戈拉的讲学，以及智者派的雄辩术。除此，苏格拉底还学习了诗歌和音乐。多方面的教育让苏格拉底的精神得到了极大的丰富。

20岁时，苏格拉底喜欢思考和探索，对很多自然问题都想弄个一清二楚，比如一个事物是如何创造出来，又是如何毁灭的？人们所借以思想的元素是血、空气还是水？地是平的还是圆的？对于这些问题，老师会给出解答，但苏格拉底对答案并不满意，并试图去找到另外的答案，可多数情况下，他都感到无能为力。正因如此，他认为研究自然没什么意义，把自然界排除在人的认识范围之外。

30岁时，苏格拉底开始把注意力从天上转移到人间，他成了一名不收报酬、不设馆的社会道德教师。他说："我的母亲是一个助产士，我要追随她的脚步。我是个精神上的助产士，帮助别人产生他们自己的思想。"他将自己视为神赐予雅典人的一个礼物、一个使者，任务就是每天四处找人谈话，探讨问题，探求对人们最有用的真理和智慧。

苏格拉底把批评雅典当作神交给自己的使命，这种使命感让他不断地思考、探索。他知道，自己这样做可能会让很多人与自己为敌，甚至想要置自己于死地，但神交给自己的使命不可违，就算是死也必须那么做。

40岁时，苏格拉底已经成了雅典城里的名人。他曾跟许多智者辩论哲学问题，探讨伦理道德、教育、政治等方面的问题，被认为是当时最有智慧的人。

✒ "我只知道自己一无所知"

苏格拉底的一生大部分都是在室外度过的，他喜欢去市场、运动场、街头等公共场合与形形色色的人谈论各种各样的问题。不管是严寒还是酷暑，他都只穿着一件普通的单衣，还经常不穿鞋，对吃饭也不讲究。不过，外人怎么看他，苏格拉底似乎完全不在意，因为他的心思全都放在了做学问上。

尽管苏格拉底有着丰富的知识，但他为人谦虚、和蔼，常说自己一无所知。他的教学中有很大一部分内容都是要求听众们对各式各样普遍的理念与观念下定义，如美、善、虔诚等，只有通过逻辑上的辩论才能揭示出所有约定俗成的定义。

与苏格拉底同时代的一些人认为，他这种做法不太厚道，且认为他深藏不露。实际上，苏格拉底的方式意在给那些不加批判就接受正统观点的人们提供有益的教训。他经常怒斥那些自称明确了解某一事物的人，并通过辩证法将其驳倒。

正是因为苏格拉底的影响，哲学才发展成了持续批判反思的现代学科。从苏格拉底的身上我们看到，对于社会和个人而言，最大的危险就是停止批判性思考。

哲思语

① 认识自己的无知就是最大的智慧。

② 我不是一个智慧的人，我只是一个爱智慧的人。

③ 活着不是目的，好好活着才是。

信仰与理性相矛盾时，信仰应当服从理性

爱留根纳（约800—877年）是"加洛林朝文化复兴"最著名的思想家，他是爱尔兰人，在843年应皇帝查

理的邀请到巴黎讲学，深得查理的赏识，之后便留在了宫廷学校担任校长。他通晓希腊文，曾将狄奥尼修斯的著作翻译成拉丁文，定名为《大法官书》。

爱留根纳撰写了《论自然的区分》《论神的预定》等著作，建立了中世纪第一个完整的哲学体系，成为这一时期独具一格的哲学家，被誉为"中世纪哲学之父"。

✒ 信仰当服从理性

关于如何对待理性这一问题，教父哲学有不同的态度和立场，但在信仰与理性的关系上，教父们的观点却是完全一致的，他们都认为信仰高于理性、理性必须服从信仰。在基督教哲学的历史上，爱留根纳第一个明确提出——信仰应当服从理性。

爱留根纳并不否认圣经和教父们的权威，但他认为哲学才是探求真理最可靠的途径，对圣经只能做讽喻的解释，例如：将圣父理解为创造的实体，理解为一切事物的本质性；将圣子理解为上帝创造万物所遵从的理智；将圣灵理解为创造的生命或生命力。如此，才能把上帝理解为三位一体。

爱留根纳重申了教父哲学的命题"真哲学就是真宗

教，真宗教就是真哲学"，只不过，他把强调的重心转移到了哲学和理性上。如果哲学与宗教、理性与信仰之间出现了矛盾，我们当服从理性，对此，他是这样说的："一切权威，只要它没有被理性确证，就是相当软弱的，真正的理性依靠其内在的威力，不需要任何权威的支持。"

很明显，爱留根纳并不是要否定信仰，他只是推崇理性、推崇思维的精神，希望信仰和理性取得一致。在基督教哲学中，能诞生这样的思想实在难能可贵。

哲思语

① 信仰应当服从理性。

② 一切权威，只要它没有被理性确证，就是相当软弱的，真正的理性依靠其内在的威力，不需要任何权威的支持。

用理性来批判一切偏见，无论这些偏见来自何方

人们总觉得，真正的哲学家应当有一种庄严而生硬

的威严感，还带着一股不懂世故、不解风情的学究气。如果要给这种风范找一个典范，那么伊曼努尔·康德（1724—1804），恐怕就是最好的代表。康德写了三本重要的书：《纯粹理性批判》《实践理性批判》《判断力批判》，这"三大批判"构成了康德的哲学体系。

✒ 纯粹理性批判

纯粹理性批判要回答的问题是——我们能知道什么？

康德给出的回答是：我们只能够知道自然科学让我们认识到的东西，哲学除了帮我们澄清使知识成为可能的必要条件，再无其他用途。

要想回答我们能知道什么，首先就要了解认识者和被认识者之间的关系。康德并不认同"语言与事物一致相应"的说法，他提出：语言是抽象的，事物是具体和物化的，两种东西怎么可能一致呢？

人只能够感知物体的某些特性，比如质量、体积、数量等，若没有这些特性，人对物体就无从想象。这是物体的主要特性。此外，物体还有其他的从属特性，比如颜色、声音、味道、温度等，人们可以依此进行不同的想象，比如把一张蓝色的桌子想象成绿色的桌子。

区别主要特性和从属特性后，问题又来了：外部世界的真实情况如何？如果对物体的某些特性可以进行不同的想象，那么这些特性似乎只存在于感知中，如何才能肯定世界不过是存在于人的头脑中呢？因此，康德得出结论：只有在人的头脑中，语言与事物一致才是可能存在的。

康德给哲学带来了哥白尼式的转变，他认为：<u>不是事物在影响人，而是人在影响事物，在认识事物的过程中，人比事物本身更重要。同时，人根本不可能认识事物的真实性，只能认识事物的表象。</u>

✒ 实践理性批判

实践理性批判要回答的问题是——我们该做什么？

康德给出的回答是：<u>我们要尽自己的义务。</u>对于"义务"的要义，康德提出了著名的"绝对命令"：<u>"无论做什么，都应该使你的意志所遵循的准则同时能够成为一条普遍的法律。"</u>

康德认为，人是有理性的存在者，理性会赋予人定言命令，所以人本身即是目的，不能被当成工具和手段。<u>人在道德上是自主的，尽管行为受到客观限制，但</u>

人在道德方面有自由能力，能超越因果，有能力对自己的行为负责。

✒ 判断力批判

判断力批判要回答的问题是——我们可以希望什么？

康德给出的回答是：要真正做到有道德，就必须假设有上帝存在，假设生命结束后并不是一切都结束了。因为，幸福是指有理性的存在者，能在世间使一切按照自己的愿望与意志发生，唯有全知与全能的上帝才能保证这样的结果。所以，我们必须假设上帝存在。

哲思语

① 我不是教给你们哲学，而是教你们如何进行哲学思考。

② 自由不是想干什么就干什么，而是想不干什么就不干什么。

③ 我们越是忙，越能强烈地感到我们是活着的，越能意识到我们生命的存在。

合乎理性的东西都是现实的，现实的东西都是合乎理性的

许多人都听过"存在即合理"这句话，并以字面意思来理解——"一个东西既然存在于世界上，它就是对的"，并将其视为黑格尔的观点。事实上，黑格尔从来都没有说过这句话，他说的是："凡是合乎理性的东西都是现实的，凡是现实的东西都是合乎理性的。"

什么是"合乎理性的"呢？

我们提到过，黑格尔将"绝对精神"视为世界的本原，支配着世间万物的存在与发展，最后又回归自身。因此，在这个发展轨迹上的就是"合乎理性的"。

什么是"现实的"呢？

在黑格尔的哲学中，"现实"和"现存"不是一个概念，"现存"指的是"现在存在的"，它未必是好的，也未必符合绝对精神的必然性。"现实"可理解为"真实""实现出来"的意思，"现实的东西"符合必然性，因此它是"真的东西"，是一定会实现出来的。它会成为现实的，正因为它是合乎理性和规律的。

现存的东西包含着一定合乎理性的成分，但并不绝对地合乎理性，在时间的推移下，不合理的成分会逐

渐上升构成事物的本质，使合理的事物变成不合理的事物，被更加合乎理性的东西所取代。因此，恩格斯在评价黑格尔的这一命题时说道——它实际上还包含着另一个命题，那就是"凡是现存的都是应当灭亡的"。

哲思语

① 真理是在漫长地发展着的认识过程中被掌握的，在这一过程中，每一步都是它前一步的直接继续。

② 人们往往把任性也叫作自由，但是任性只是非理性的自由，人性的选择和自决都不是出于意志的理性，而是出于偶然的动机以及这种动机对感性外在世界的依赖。

心灵的对象除了知觉以外，没有其他东西

　　大卫·休谟（1711—1776年）的哲学中有两个重要的概念，即"印象"和"观念"。
　　休谟认为，"印象"是一切思想的来源和材料，"观念"是通过记忆和想象对以前产生过的印象在头脑

中的再现。两者的区别在于："当它们刺激心灵，进入我们的思想和意志中时，它们的强烈程度和生动程度不同。进入心灵时最强最猛的那些知觉，可称为印象；在印象这个名词中间，它包括了所有初次出现于灵魂中的我们的一切感觉、情感和情绪。至于观念这个名词，我用来指我们的感觉、情感和情绪在思维和推理中微弱的意向。"

休谟认为，在知觉中除了印象和观念的区分之外，还有简单与复合之别，即简单印象与复合印象，简单观念与复合观念。简单观念直接摹写简单印象，复合观念或是来自对复合印象的摹写，或是来自对简单观念的排列与组合。例如，"金山"不过是将已知的"金"和"山"两个观念结合起来；"有德行的人"，不过是把"德行"和"人"两个观念结合起来。

在此基础上，休谟又提出了"人性科学"的两条基本原则。

其一，印象在先原则，即观念是印象的摹本。

其二，想象自由原则，即观念虽由印象而生，但在心中却可以自由组合，从而产生出印象中所没有的东西。当然，这种"自由"不能创造观念，因此观念无论多么荒谬，都能在印象中找到根据。

休谟把一切观念归结为印象，而印象中最基础的又是简单印象，那么感觉印象是从哪儿来的呢？休谟不认同"感觉源于外物"的说法，他认为心与物是两个完全不同的实体，人们如何知道心中的观念是外物的摹本呢？心灵的对象除了知觉外，根本没有其他东西。

对于"感觉源于心灵或上帝"的说法，休谟也进行了批判。

他认为，心灵和自我都是超验的东西，它们仅仅是"以不能想象的速度相互接续着，并处于永远流动和运动之中的知觉的集合体或一束知觉。""上帝"像"物质"一样，也超越了我们的感觉经验，它们的存在都是悬而未决的，既无法认知，也不可能证明。

鉴于此，休谟得出结论：我们的感觉究竟从何而来，是不可能知道的，"我们永远不可能确实地判定，那些印象是直接由对象发生的，还是被心灵创造产生的，还是由我们在造物主那里得来的。"

可见，休谟在感觉源自经验这个问题上，确实存在怀疑论的倾向。不过，他的怀疑论不是彻底的怀疑论，他自称为"温和的怀疑论"。他认为，这种温和的怀疑论不像彻底怀疑论那样有害，反而是有益的，它将我们的研究限制在了最适合人类理智这个狭窄官能的那些题目上。

对此，休谟还对人类理智进行了划界。

其一，关于想象力这些崇高的论题，留给诗人、演说家、僧侣或政治家来发挥。

其二，正确的判断必须避免一切高远的探求，仅限于日常实践和经验的题目。

其三，哲学的结论，只是系统地修正过的日常生活的反省，绝不可以超越于经验之上。

休谟的哲学是近代哲学史上第一个不可知论的哲学体系，在近现代西方哲学发展中起到了至关重要的作用，是现代逻辑经验主义、实用主义、分析哲学等许多流派的重要思想来源。

哲思语

① 任何事物本身都既不高尚也不卑贱，既不可爱也不可憎，既不美也不丑；事物的这些特征来自人类情感的特性与构造。

② 一个人不论有什么样的才具，他如果不知道自己有这种才具，并且不形成适合于自己才具的计划，那这种才具对他便完全无用。

③ 理性乃是而且应当只是情感的奴隶，除了为情感服务并服从情感之外，决不能冒称其他的功能。

哲学家若不能成为帝王，就让帝王成为哲学家

我们时常会听到"乌托邦"一词，那么到底何谓"乌托邦"呢？

实际上，它是指"空想的国家"，是人类思想意识中最美好的社会。柏拉图在《理想国》中，就描绘出了一幅理想的乌托邦画面，他认为：国家当由哲学家来统治。

在柏拉图的理想国中，公民被划分为三个阶级：受过严格哲学教育的统治阶级、保卫国家的武士阶层、平民阶层。为了实现这样的理想国，柏拉图有他的一套完整理论：每个人在社会上都有其特殊的功能，以满足社会的整体需要；每个人要做好自己的分内事，不能干扰其他人。他鄙视个人幸福，强调城邦整体和一己以为的"正义"，赋予了统治者无上的权力，甚至可以"为了国家利益用撒谎来对付敌人和公民"。

那么，为何要让哲学家来担任统治者呢？

柏拉图认为，现存的政治都是坏的，只有让哲学家成为统治者，才能拯救当时城邦所处的危机，才能找到真正的出路。因为哲学家是最高尚、最有学识的人，而

在贤人统治下的贤人政体就是最好的政体。

如果哲学家能够成为国王，那么这个国家就是存在于天上的模范国家。同时，在柏拉图看来，哲学家的本质是具有知识、智慧、正义、善的美德，唯有他们能够达到对国家最高理念的认识，其他人只能把握"意见"而已。

马克思认为，柏拉图的理想国只是埃及种姓制度在雅典的理想化。很明显，柏拉图的理想国是一种贵族政治主张，遗憾的是，他的愿望至今还没有实现，哲学家也难以当上国王。

哲思语

① 只有哲学家做国王，或是国王懂得哲学，国家才能幸福安康。

② 现象世界是永恒变动的，只有理性才能认识持续不变的东西，只有借助观念或理念才能把握住稍纵即逝的个别现象。

火可以毁灭我，但它必将照亮真理

布鲁诺（1548—1600年）是文艺复兴时期意大利的一位哲学家、天文学家，主要著作有《论无限、宇宙和世界》《论原因、本原与太一》等。他捍卫并发展了哥白尼的日心说，创立了自然主义泛神论的哲学体系。

世界理智

布鲁诺认为，自然界有形式和物质两种实体，但形式不能脱离物质单独存在，物质世界是在"世界理智"的作用下运动和变化的。

所谓"世界理智"，是指作为形式本原的世界灵魂的一种能力，而世界灵魂又是内在于作为物质本原的宇宙之中的。这样，包括一切的统一体宇宙就成为"太一"。这种"太一"被布鲁诺称为"神"，但它只是一种称呼，既没有人格，也不是万能的上帝或宇宙的主宰。正因如此，布鲁诺才被称为彻底的泛神论者。

认识的四个阶段

布鲁诺把认识分为四个阶段：感性、知性、理性、心灵。

感性是认识的开端；知性的任务是运用抽象概括和推理的能力，从特殊抽象出一般论断；理性的任务是积极主动地整理知性活动的结果，把知性得出的一般论断提升为原则原理，从而认识到事物的实体同一性。

心灵是认识的最高能力，是对普遍实体的直观。唯有在心灵中，神或自然的本质才能够展现在认识面前。人达到了对一切存在的本质，对对立统一的、无限的宇宙的最高认识。这种认识不会终结，因为智慧的力量永远都不会停留在已经被认识的真理层面，永远会朝着那些没有被认识的真理前行。

为真理而殉难

布鲁诺一生都在与教会做斗争。1576年，28岁的布鲁诺无路可走，决定离开罗马，四处漂泊。他去了德国、法国、英国等多个国家，但每次都因教会的迫害不得不迁往其他地方。后来，布鲁诺回到威尼斯，却被朋友出卖遭到逮捕，后落入宗教裁判所，被囚禁了八年。

在狱中，布鲁诺受尽折磨，但他英勇不屈，宣称自己没有做过任何后悔的事。他说："在真理面前，我半步也不退让！"1600年2月17日，教会以"异端分子和异端分子老师"的罪名，在罗马的鲜花广场对布鲁诺处以火刑。

在临刑之前，布鲁诺留下了一句遗言："火并不能把我征服，未来的世界会了解我、懂得我的价值。"事实也证明了，布鲁诺的哲学思想和追求真理的精神，对于后世的影响是巨大的。1889年，人们为了纪念这位为真理而殉难的英雄，在罗马的鲜花广场中心设立了一座铜像，以示哀悼和敬仰。

哲思语

① 为真理而斗争是人生最大的乐趣。

② 未来的世界会了解我，懂得我的价值。

③ 也许你们判决我时比我收到判决时更感到恐惧。

哲学的 5
终极追问

为什么要
"怀疑一切"?

我爱我的老师，但我更爱真理

亚里士多德师从柏拉图二十多年，对老师的思想进行了深入的学习，但我们前面已经说过，他不是崇拜个人权威的人，在学习的过程中他的思想与老师的观点存在分歧，且他并未被老师的光环蒙蔽而放弃思考。他曾说过："吾爱吾师，吾更爱真理。"正是对真理孜孜不倦地追求，才成就了"青出于蓝而胜于蓝"的思想丰碑。

✒ 实体说

柏拉图认为，要认识某一事物，必须先认识事物的理念。亚里士多德不赞同老师的观点，他认为，用理念来解释事物的本质和运动时，不仅无法解决问题，还会让问题更复杂。理念论的错误在于把"理念"看成可脱离可感"个体"事物而独立存在的东西，实际上，具体的个别的东西才是真实的。这就是著名的"实体说"。

在"实体说"中，亚里士多德进一步指出："实体有第一实体、第二实体之分。"

第一实体是指客观存在的"个体"事物，如这个人、那匹马、那棵松树等；第二实体则是指"第一实体"的属或种，如"人""动物""植物"就是指"个体"事物所从属的属或种。

他还说："第一实体是其他一切东西的基础，而其他一切东西或者是被用来述说第一实体，或者是存在于第一实体里面。如果没有第一实体存在，那就不可能有其他东西存在。"比如，当我们说"一匹白马"时，"白"这种颜色不是独立存在的，而是存在于"马"之中的，"白"不能成为实体。

亚里士多德的"实体说"纠正了柏拉图的"理念论"将一般与个别相分离的错误，指出了一般（"第二实体"）依赖于个别（"第一实体"）而存在，抛弃了柏拉图的唯心主义观点，坚定了唯物主义的路线。

哲思语

① 人生最终的价值在于觉醒和思考的能力，而不只在于生存。

② 真正的美德不可没有实用的智慧，而实用的智慧也不可没有美德。

③ 每天反复做的事情造就了我们，然后你会发现，优秀不是一种行为，而是一种习惯。

万事万物都是值得怀疑的

✒ 怀疑主义者

在古希腊的哲学史上，有一个人生前没有任何著述，却以独特的生活方式赢得了同时代人的尊重，甚至有人将他和苏格拉底相提并论。他的思想，经传记作家拉修尔和恩披里克的介绍，被各派哲学家广泛重视。这个特殊的人物，就是皮浪。

皮浪（约公元前365—前270年）的故乡在希腊的爱利斯城，他早年做过画匠，后来改学哲学，拜德谟克利特的弟子阿那克萨库为师。据说，他之所以选择学哲学，是因为在一次作画时，他面对着一座山，从远处看山是紫色的，从近处看是绿色的，山其实不紫也不绿，这件事触发了他对事物的怀疑。

皮浪的人生阅历很丰富。他曾经跟随亚历山大的军队远征到过印度，在那里结识了不少僧侣和智者。他走南闯北，见多识广，有多种信仰，过着多样的生活。这种独特的生活方式，使他极受人们尊敬，爱利斯的人们曾经还打算推选他做祭司长。

皮浪是一位怀疑主义者，所以他没做过老师，也没有写过任何著作，这就使历史上对于皮浪的记载少之又少。他只是将自己的思想传授给了身边的几位朋友，而其中一位就是著名的《讽刺诗》的作者蒂孟。蒂孟创作的作品，多数内容都是贬抑一些哲学家和哲学，颂赞皮浪和他的学说。

✒ 悬搁判断

皮浪有一句著名的口号："不做任何决定，悬搁判断。"

所谓"悬搁"，就是中止的意思，既不肯定，也不否定。

皮浪并不否认现象的存在，他将感觉视为感官印象的必然结果，但他否认现象的真实性，认为我们不能说它"是"，只能说它"显得如何""看来如何"。因为所有的事物都是变化的、不确定的，感性的事物不真实，事物之间的差异也是变化的。最为明显的是，对于每一个命题，都可以提出一个相反的命题与之对立，且两者都有同样的价值和效力。

我们可以举例说明一下：对于同样的东西，不同的对象有不同的感觉，比如青草对于山羊来说美味可口，对于人类来说却苦涩难咽；对于同一事物，不同的感官获得的印象不同，比如同一个苹果，用眼睛看是红色的，用嘴巴尝是甜的，用鼻子闻是香的；事物的性质因为对象的不同而不同，比如树相对于草来说是大，可相对于山来说是小；等等。

鉴于此，他认为：万事万物都是值得怀疑的，真与假、美与丑并没有明显的区分，感觉和意见并不能告诉人们真理或错误。我们不能相信感觉和意见，应当放弃一切认识和判断，保持不介入、无意见、不动摇的立场，对任何一个东西都说它"既不是也不非，既同为是和非，又不同为是和非"。

哲思语

感觉是我们感受外在世界的唯一通道，但感觉又是不真实的。所以，感觉并不能告诉我们什么是真理，什么是错误。我们一点也不能相信它们，只能保持不介入、无意见、不动摇，对任何一个东西都只能说它既不是也不非，既可以同为是和非，又可以不同为是和非。

研究哲学的目的，在于认识事物的原因

✎ 四因说

亚里士多德曾说："人们如果还没有把握住一件事情的'为什么'，是不会以为自己已经认识了这一事物的。"他认为，研究哲学的目的在于认识事物的"原因"。所谓原因，就是事物存在和生成的根据和条件。然而，他在研究了先哲们的理论之后，却遗憾地发现，他们的理论都只认识到了某一种或两种原因，并不全面。因而，他提出了"四因说"。

亚里士多德认为，任何事物的实体存在都有四种不可或缺的根本原因。

质料因：形成物体的原始质料，比如建造房屋的砖瓦。

形式因：主要物质被赋予的设计图案与形状，比如构建房屋的蓝图。

动力因：推动质料变成形式的力量，比如把砖瓦变成房屋的建筑师。

目的因：事物产生和运动变化所追求的目的，比如建造房屋是为了居住。

在上述的四因中，形成事物的基础是质料，但质料本身却只有在形式因的推动下，根据形式因规定的目的，才能变成形式。如此一来，形式因似乎就涵盖了动力因和目的因。鉴于此，亚里士多德又将四因简化为二因，即"质形论"。

✒ 质形论

任何事物都不能缺少质料和形式两种因素，没有无质料的形式，也没有无形式的质料。比如：一堆砖瓦胡乱地堆砌，无法构成房屋；空有房屋的图纸没有砖瓦，也无法构成房屋。

在此基础上，亚里士多德又提出了"潜能与实现"之说。他认为，当质料没有获得形式的时候，质料是事物的某种"潜能"；当质料与形式结合之后，才能成为现实的事物。质料是潜在的形式，形式是实现了的质料，两者结合的过程就是潜能转换的过程，而事物的变化就是由其潜能走向实现的过程所造成的。

同时，亚里士多德还认为，质料与形式的作用和地位不一样。质料本身不是事物运动变化的原因，只有在形式的推动下，以形式为目的，事物才能由潜能变成现实。因此，形式才是事物存在和变化的决定性因素。不过，质料和形式的区分是相对的。砖瓦是由泥土构成的，它对于房屋来说是质料，但对于泥土来说就变成了形式，因而可以说，低一级的事物是高一级的事物的质料，高一级的事物又是更低一级事物的形式。

这一理论，体现出了亚里士多德自发的辩证法的思想。

哲思语

① 人生最终的价值在于觉醒和思考的能力，而不只在于生存。

② 打开一切科学大门的钥匙都毫无疑问地是问号。

我在怀疑，我思想因而我存在

笛卡尔（1596—1650年）是法国著名的哲学家、数学家、物理学家，因几何坐标体系公式化被认为是解析几何之父；他是二元论唯心主义的代表，留下名言"我思故我在"；他是近代资产阶级哲学的奠基人之一，黑格尔称他为"近代哲学之父"。

✒ 四条方法论

历来的哲学革命大都与方法论的创新有关，笛卡尔也不例外。笛卡尔的哲学源自一个大胆的构想，他说："每一个人在一生之中，至少要有一次，要去怀疑所有能被怀疑之物。"为此，他提出了自己的四条方法论原则。

第一条："绝不承认任何事物为真，除非我明明白白地知道它为真。"他的意思是说，要小心谨慎，避免仓促的判断和偏见。

第二条："将我所要检查的每一个难题，尽可能分解成许多细小部分，使我能顺利解决这些难题。"换而言之，把复杂的知识简化为最初的命题。

第三条："依照次序引导我的思想，由最简单、最容易认识的对象开始，一步步上升，如登台阶，直到最复杂的知识。"

第四条："处处做周全的核算与普遍的检查，直到足以保证没有遗漏任何一例为止。"

在上述的四条方法论中，笛卡尔先确立了普遍怀疑的出发点、理性的劝慰和衡量真理的标准，他要求对

一切知识采取怀疑的态度，只接受那些被理性明确地认识为真的东西，并确定了真理的标准，即清楚明白、无可置疑。这四条方法论是追求一切知识共用的方法，因为它们是理性的规则。至此，笛卡尔与经院哲学分道扬镳，开辟了另一条爱智之路。

✒ 我思想因而我存在

笛卡尔认为世上一切知识都是不确定的、令人怀疑的，他认为接受一项事实之前必须要达到清晰、明确的理解程度。他的方法是怀疑一切，但有一件事情却是毋庸置疑的，那就是"我在怀疑"，简言之就是"我思故我在"，即"我思想因而我存在"。

"我思故我在"包含着两部分的内容："我思"和"我在"。

"我思"中的"我"，并非指我的肉体，而是我的思想，包括怀疑、意愿、情感、想象以及直接意识到的任何精神活力，是指一个思想的主体。对此，笛卡尔解释说："我只是一个思想的东西，也就是说，我只是一个心灵、一个理智或一个理性。"当我的身体不完全时，我依然可以思考，我的精神、灵魂和肉体是完全不同、完全分离开来的。"我思"中的"我"，超越形体我，因为我可以在没有形体时做一些活动，但不管怎样也不能没有思想。思想是"我"的本质属性，"我"一旦停止思想，自身也就不存在了。

事实上，"我思故我在"的本意是"我思故我是"。"我思"是存在于头脑中的思维规定性，"我思"是"我在"的前提，只有真正把握了"我思"的内涵，才能真正地解开"我在"的谜。"我在"就是指"人的本质存在"，而非经验哲学家眼中的客观存在。笛卡尔要证明的是，人本质或本性就是人的头脑中先天存在着的某些思维规定，"我存在着先天的认识形式，才决定了我的本质存在"。

笛卡尔继承了西方哲学史本体论的思想，并在其中加入了"我思故我在"的命题，开启了近代哲学唯理论的先河。他把思维和肉体分开来考虑的思想，是身心二元论体系建立的基础，也是第一次在近代哲学意义上划分了思维与存在。

哲思语

① 征服你自己，而不要征服全世界。

② 只有一件事是我们无法怀疑的，那就是我们正在"怀疑"这件事的"怀疑本身"。

③ 当感情只是劝我们去做可以缓行的事的时候，应当克制自己不要立刻作出任何判断，用另一些思想使自己定一定神，直到时间和休息使血液中的情绪完全安定下来。

认识自然，归纳法比演绎法更可靠

弗朗西斯·培根（1561—1626年）出生在伦敦的一个官宦世家，父亲尼古拉·培根是女王的掌玺大臣，思想进步；母亲是精通希腊文和拉丁文的才女，信仰加尔文教。良好的家庭环境使得培根在各方面都有出色的表现。

培根一生中的绝大部分时间和精力都投入了他的政治生涯上，但他对后世影响最大的却是他的哲学思想。培根是新贵族的思想代表，他继承了古代唯物主义的传统，反对君权神授和君权无限，坚持要清除中世纪经院哲学给人们造成的错误认识和偏见，给认识和科学扫清道路。

🖋 《新工具》

《新工具》是培根关于科学方法论的重要著作，其书名是针对亚里士多德的《工具篇》而起的，他批评了亚里士多德的逻辑学说和三段论方法，认为《新工具》是对《工具篇》的修正补充，是促进科学研究的正确方法。

培根在《新工具》中提到，认识自然不能靠演绎法，而是要靠归纳法。演绎一开始就是从抽象的原理出发，无论它的演绎过程多么精巧，都无法使人理解自然。归纳法则不同，它一开始是从感官和特殊的东西出发，从中引出一些普遍的原理。相比之下，后者更为科学可靠。

🖋 经验归纳法

如何才能从个别的东西引发出普遍的原理呢？

培根提出了他的哲学方法——经验归纳法。经验归纳法分为三个步骤。

第一步，收集材料。

培根认为，他的归纳法不同于简单的枚举归纳法，他甚至认为后者是极其幼稚的，结论不稳固，一旦碰到与之矛盾的例证就会被驳倒。因此，必须准备充足的、完善的、自然的和实验的历史材料，这是全部工作的基础。

第二步，运用"三表法"整理材料。

培根提出了三种例证表。

（1）具有表，把具有所要考察的某种性质的一些例证列在一起。

（2）接近中的缺乏表，在此列举与上表中的例证情形近似却没有出现所要考察的某种性质的一些例证。

（3）程度表或比较表，列举出不同程度出现的所要考察的某些性质的一些例证。

第三步，真正的归纳。

对于真正的归纳，培根又分为三个小步骤。

（1）排除法，排除和拒绝这样的一些性质。

（2）根据三表法所列举的事例，做一次正面地解释自然的尝试，通过排除后得出正面结论。

（3）纠正解释偏差的几种帮助，如"归纳法的改正""依照题目性质改变研究方法"等，以求校正上述程序中的失误，求得准确的结论。

培根的归纳法强调了"没有调查，没有发言权"这一精神，他的《新工具》是经验主义、形而上学和唯物主义的理论温床，对后世哲学起到了推动性的作用。

哲思语

① 在见到汪洋时就以为没有陆地的人，不过是拙劣的探
  索者。
② 同情是一切道德中最高的美德。
③ 任何本领都不会比良好的品格与态度更易受人欢迎，
  更易谋得高尚的职位。

普遍性的结论，不能仅通过个别事实来证明

　　实验是检验科学理论的根本性标准，经过几十次
乃至上百次的实验，如果都可以证明某一个结论是正确
的，就可以初步认为这个结论是科学的。换而言之，自
然科学是通过有限次数的实验来检验命题真伪的。

　　举个例子，对于"乌鸦都是黑的"这一结论，我们
无法把所有的乌鸦都找来验证，只能找若干只乌鸦来检

验。退一步说，就算把所有活着的乌鸦都找来验证，也无法把那些死去的，以及尚未出生的乌鸦找来验证。

针对自然科学的这一检验情况，20世纪40年代，德国逻辑学家卡尔·古斯塔夫·亨佩尔有不同的看法。为此，他提出了著名的"乌鸦悖论"。

✒ "乌鸦悖论"

从逻辑学上看，"乌鸦都是黑的"与"所有非黑的东西都非乌鸦"是相等的，也就是说，验证了一个就验证了另一个，否定了一个就否定了另一个。

照此说来，依据自然科学的检验方式，就会出现下面的论证——

○ 一只鞋是蓝色的，不是黑的，不是乌鸦；

○ 一朵花是红色的，不是黑的，不是乌鸦；

○ 一根烟囱是灰色的，不是黑的，不是乌鸦。

所以，所有非黑的东西都非乌鸦。由于"乌鸦都是黑的"和"所有非黑的东西都非乌鸦"，故而，乌鸦都是黑色的。

其实，相同的事实也可以证明"乌鸦都是白的"——

○ 一只鞋是蓝色的，不是白的，不是乌鸦；

○ 一朵花是红色的，不是白的，不是乌鸦；

○ 一根烟囱是灰色的，不是白的，不是乌鸦。

所以，所有非白的东西都非乌鸦。由于"乌鸦都是白的"和"所有非白的东西都非乌鸦"相等，故而，乌鸦都是白的。很显然，这样的结论是荒谬的：一只鞋子的颜色，如何能够证明乌鸦的颜色呢？

其实，"乌鸦悖论"并不是真正的悖论，而是由自然科学检验方式导致的荒谬情形。乌鸦悖论只是强盗逻辑：一个普遍性的结论，不能仅仅通过一些个别的事实来证明。与此同时，它也提醒我们，自然科学的结论即便在逻辑上也不如想象中那么严密。

哲思语

科学的合理性，在于它的方法。

根据经验得来的一切推论都是习惯的结果

大卫·休谟（1711—1776年）是英国近代哲学中经

验论的最后一个代表人物，他出生在苏格兰爱丁堡的一个律师家庭，原名大卫·休姆，因为英国人难以用苏格兰方言正确念出休姆这个名字，于是他后来改名为休谟。

休谟人生中最重要的一本著作，也是哲学历史上不可忽视的一本著作，名为《人性论》。

很多人都相信，只要一件事物伴随着另一件事物而来，那么两件事物之间必然存在某种关联。然而，对于这样的思想观点，休谟并不认同。为此，他在《人性论》中反驳了"因果关系"的真实性和必然性，进而指出，尽管我们可以观察到一件事物伴随着另一件事物而来，但我们不能观察到任何两件事物之间的关联。

休谟主张，我们对于因果的概念只不过是我们期待一件事物伴随着另一件事物而来的想法罢了，不能说一件事物造就了另一件事物，我们所知道的只是一件事物跟另一件事物可能有所关联。在此，休谟提出了"经常联结"一词，它代表当我们看到某件事物总是"造成"另一件事物时，我们所看到的其实是一件事物与另一件事物"经常联结"。我们之所以相信因果关系，并不是因为它是自然的本质，而是因为我们的心理习惯和人性。

于是，休谟得出结论："根据经验来的一切推论都是习惯的结果而不是理性的结果。"经验的有效性在于，它可以使我们期待将来出现的一切事物与过去出现的事物相似。倘若没有习惯的影响，那我们除了呈现在记忆和感觉中的东西之外，对其他所有的事实都一无所知。在此意义上，休谟强调说："习惯是人生的伟大指南。"

哲思语

① 关于原因与结果，我们的一切推论往往是由习惯而来的。

② 习惯就是人生的最大指导。

用较少的东西即可完成的事，无须浪费更多

奥卡姆（约1285—1349年）出生在英国苏黎，曾经就读于牛津大学，以优异的成绩完成了获得神学博士学位的所有课程。

奥卡姆是一个坚定的唯名论者，他反对以阿奎那为

代表的官方哲学，反对彻底区分哲学和神学，将上帝存在证明从哲学中剔除，指出关于上帝是否存在是一个信仰的问题，而不是人类理性所能把握的问题。

奥卡姆还反对唯实论者将共相本体化，认为只有个体才是真实的存在。

这一说法听起来晦涩难懂，事实上，如果用一些例子来解释，就会变得十分简单。

比如，"水果"这一概念就可以剔除，因为我们已经有了"苹果""香蕉""葡萄"等具体事物的名称或概念，没有必要在这些具体的东西上面再确立"水果"这一概念，也没有必要把"水果"当作本质，它顶多算是逻辑本质。

以此为基础，奥卡姆提出了那句著名的口号："如无必要，勿增实体。"

他的意思是，只承认一个个确实存在的东西，凡干扰这一具体存在的空洞的概念都是无用的赘述；在对同一理论或同一命题的多种解释和证明过程中，步骤最少最简洁的证明是最有效的。这种独断的思维方式，被称为"奥卡姆剃刀"。他运用这把思想的剃刀，把"实体形式""隐蔽的质""影像"等概念全部认定为多余的东西，并加以抛弃。

奥卡姆

约 1285—1349 英国学者

中世纪哲学唯名论领袖

提出 "奥卡姆剃刀原理"

如无必要，勿增实体。

"奥卡姆剃刀"向正统经院哲学发起了革命，这自然就激怒了教会，而他遭到迫害也在所难免。但是，如果抛开他所处的特殊时代背景，这一命题确实带给人们启发意义，许多科学家在运用了这把"剃刀"之后，得到了精练得无法再精练的科学结论，他们对该原则最常用的表述是："当两个不同理论给出同样精确的预言时，哪个更简单哪个就更好。"

哲思语

如无必要，勿增实体。

如何界定
道德？

不要用《圣经》理解道德，要用道德理解《圣经》

康德在宗教哲学方面有一部代表作，即《单纯理性范围内的宗教》，他从一个理性的角度来研究宗教，把宗教哲学建立在理性的基础上，而不是像以往那样诉诸单纯的信仰，这也是他书名的用意。他曾说："不要用《圣经》理解道德，要用道德理解《圣经》。"

康德站在理性的立场，批判了世俗传统宗教，认为传统宗教用所谓的本体论、宇宙论、自然神论等推导出的上帝高高在上，他赋予了人类一切，因而人类对他永远有所亏欠。在这样的情境下，对上帝的信仰就是对人类的奴役。他认为，上帝不是感性的、可知的，它指向人类自我，与人类生活世界的经验领域无关。

在康德看来，至善是道德的最高追求，自由意志的良知鼓励着人们追求至善。至善的动机不是上帝，宗教也无法使人成为道德的人，但至善可以使人们有必要相信，道德追求的结果必是上帝应存在于生活世界的确认。

康德心中信仰的上帝绝不是可经验的、可认识的实体，而是理性的原则。他从道德出发，设定了上帝，这个上帝是道德上帝，在生活世界中以崇高的神圣感感召着人类，使生活世界充满人性。可以说，康德达到了他的哲学探索的终点，原本是要寻找上帝的他，落脚点却回到了人间。这不禁令人想起一则寓言："人揭开了萨斯女神的面纱，看到的却是——他自己。"

哲思语

① 良心是一种根据道德准则来判断自己的本能，它不只是一种能力，它是一种本能。

② 一个行为的道德性不取决于它的结果，而仅仅取决于该行为背后的意图。

爱是道德的核心与最高原则

　　路德维希·费尔巴哈（1804—1872年）是德国古典哲学的最后一个伟大代表。费尔巴哈认为，道德是实现幸福的手段，而道德的核心、精髓和基本精神是"爱"。因此，他把自己的伦理学归结为爱的道德，爱也因而成了道德的最高原则。

费尔巴哈说："存在，就意味着爱自己。"

他认为，爱的基础和出发点是自爱，人不可能爱跟自我生存相矛盾的、使自己痛苦的东西，只能爱那些利于自己生存、使自己幸福的东西。同时，要实现自爱必须有他人的存在，所以人只能在他人的爱中寻求自爱的满足。对此，费尔巴哈得出结论：爱就是既爱自己也爱他人，既使自己幸福，又使他人幸福，爱必须成为道德的最高原则。

在费尔巴哈那里，爱是一个可以创造奇迹的神，能够克服生活中一切阶级对立和冲突，可以医治社会百病。他认为，要铲除世间的不公正，使人过上美好的生活，必须依靠爱。他甚至把爱提高到了宗教的高度，提倡建立爱的宗教。在他看来，人与人之间的关系，唯有被认为是一种宗教关系，才会有道德上的意义。

哲思语

① 只有爱给你解开不死之谜。

② 爱就是成就一个人。

③ 友谊是美德之手段，并且本身就是美德，是共同的美德。

对世界的爱是贪爱，对"至善"的爱是纯爱

从哲学上说，奥古斯丁（354—430年）坚持希腊古典的目的论和幸福论，认为人是一种寻求幸福的理性存在。他说："所有能够在任何程度上使用理性的人都渴望幸福，这是一个不争的事实。"

奥古斯丁和柏拉图主义者一样，认为爱的目的是幸福，且只有永恒不变的"至善"才能满足人的幸福。与之相区别的是，奥古斯丁的"至善"是上帝，而不是善的理念。

奥古斯丁进一步指出，人的"至善"需符合两个条件：

第一，它不可能是低于人自己的东西；

第二，它必须是某种在我们不愿意的情况下不会丧失的东西。

所以，人只有把意志转向永恒不变的上帝，才能获得真正的幸福。

在奥古斯丁看来，爱可以根据对象的不同划分为两种：当爱的对象向下指向被造之物的时候，这种爱就是"贪爱"；当爱的对象向上指向创造者的时候，这种爱就是"纯爱"。

"贪爱"是对世界的爱，短暂易逝；"纯爱"是对上帝的爱，永恒不变。因此，当人爱世界的时候，他就陷入了比自己低级的被造界；当人爱上帝的时候，他就向上升腾。

在《论三位一体》中，奥古斯丁不止一次谈到真正的爱与欲求的区别。

他说："是真实的被称为爱，否则就是欲求；那些欲求的人被不适当地说成是在爱，正如那些爱的人被不适当地说成是在欲求。但是，只有坚持真理，鄙弃一切与爱人相对的世间事物，才是真正的爱。"

哲思语

① 信仰是去相信我们所从未看见的，而这种信仰的回报，是看见我们相信的。

② 你若沉默，请出于爱而沉默；你若发声，请出于爱而发声。

有德之人始终强大，罪恶之人始终弱小

波爱修斯是中世纪欧洲的一位百科全书式的思想家、哲学家。他的才华和品行受东哥特王国国王狄奥多里库斯的赏识，后成为罗马执行官。面对哥特人统治罗马的难堪局面，他费心尽力排除困难。然而，最终却被诬陷控以阴谋叛国罪。在狱中等待处决的过程中，他写下了《哲学的慰藉》一书。

《哲学的慰藉》以波爱修斯与哲学对话的形式呈现，他在书中提出并定义了哲学上一些长期出现的问题，包括恶、自由意志与决定论，以及正义和道德的本质。波爱修斯的哲学观深受柏拉图的影响，他认为"上帝的本质即为善"。

波爱修斯是一名基督学者，他坚信，任何人只要是真善，那他便是神，即"获得神性的人变成神，故每个快乐的人都是神"。上帝与善同义这一发现，引导着波爱修斯思考所谓"恶"的问题。从解决方法上来说，其本质承袭了亚里士多德的观点，将神视为宇宙的旁观者，而不是干预者。实际上，这相当于否定了上帝的无所不能。

即便如此，波爱修斯的哲学中依然带有因果报应的色彩。他认为，对作恶者而言，逃脱比落网更加痛苦。不过，他的逻辑很直接，毫不神秘。他解释说，那些逃避惩罚的人会继续作恶，而不是去行善，由此就会离快乐和幸福越来越远。他确信——"有德之人始终强大，罪恶之人始终弱小，因为他们都渴望得善，而只有有德之人才能拥有善。"

哲思语

善即是万物的目的。

美德是唯一的善，做正确的事才是最重要的

塞涅卡（公元前4—65年）出生于西班牙科尔多瓦，父亲是罗马修辞学家与作家老塞涅卡。塞涅卡从小在罗马学习哲学，他是一位斯多葛派哲学家，但与多数斯多葛派哲学家们不同的是，他没有制定一些几乎无人能够达到的高远目标，而是以更加实际的方式调和了自己的

思想。

塞涅卡的哲学核心，依然是信奉一种专注道德和理性的简单生活。不过，他的现存作品，特别是《书信集》里的文章以及多数随笔，都是以劝说性的恳求口吻表述的。他一直在不断地尝试着向读者提出忠告，而不是传授哲学知识。

有一段给其悲伤母亲的致辞，可以形象地表现出塞涅卡训诫的风格："您从未以妆容污染自己，也从未穿着过于裸露。您唯一的装饰品，那时光也无法令其暗淡的美，便是节制朴素的高尚品德。所以，您不可以拿自己的性别来作为悲伤的理由，因为您完全可以凭借美德来超越悲伤。您应该远离女人的眼泪，一如远离女人的过错。"

斯多葛派认为，对世界的正确认识可以改变人们的日常生活，但他们并不追求享乐的生活方式。塞涅卡坚信，唯一的善便是美德，做正确的事才是最重要的。他还宣称，每个人心中都有一位神在指引我们走过命运安排的道路。无私奉献和简单生活，才能让我们获得快乐。

哲思语

① 不相信任何人和相信任何人，同样都是错误的。

② 没有比人生更难的艺术了，其他的艺术学问到处都有教师。

崇高的目的是让心灵获得自由与完整性

✎ 崇高感

席勒（1759—1805年）是一位德国哲学家，在艺术哲学和美学领域独树一帜。

作为哲学家，他感兴趣的不仅仅是引起审美体验和判断的对象本身，还包括其在伦理学、认识论、心理哲学与形而上学领域产生的相关问题。席勒最著名的美学思想，在他的文章《论崇高》中体现得淋漓尽致。席勒认为，崇高感是痛苦与快乐混合而成的，代表着我们自身对同一对象的两种不同关系，对应人自身的两种迥异的天性。

席勒的审美体验观，用他的一句名言来概括再恰当不过："征服危险的人是伟大的，而屈服危险同时又不惧危险的人，则是崇高的。"

在席勒看来，崇高感的产生必然会有一个对象，如果这个对象仅仅是可怕的，那它不会引起崇高感，比如：人在看恐惧片的时候无法有崇高感，但若看到火山喷发却可能产生崇高感。只是这种崇高感需要安全感，有了安全感才能够进行审美判断。就如住在火山脚下的人，他们没有兴致进行审美判断，因为他们的精神不是自由的，本能只会促使他们逃跑。

面对这样的威胁，躯体的安全感是无效的，肉体的力量是很渺小的。这就需要人内部的安全感，即人的道德理性。席勒认为，人有了道德安全感，有理性和尊严，就无惧于可怕的命运与死亡的威胁，这种崇高感让人变得完整，让人性变得完美。

✒ 道德自由

人是有理性的存在者，却生活在一个感性的世界中，自身有局限，要经历生老病死、面对自然灾害、受制于自然规律，这让人的身心都承受了无法对抗和彻底解决的痛苦。

那么，如何解决这种无法逃避的痛苦呢？

席勒认为，这就需要依靠道德自由。道德自由是指，在符合道德的条件下去行动。面对命运的摆布，人类不屈服，凭借自己的理性和道德自由去实现、去反抗对自身尊严与道德自由的禁锢，超越自然对心灵自由的胁迫，以趋近那种无限性，从而达到永恒。

总之，席勒把崇高分为两种：一种是理论的崇高；另一种是实践的崇高。理论的崇高是人在体会苦难中超越，它可以激起人的自由，实践的崇高是人在对抗苦难中超越，是人利用自由去对抗痛苦，这两者共同构成了人们安定的心灵。人在对抗苦难时呈现出来的道德自由与自我尊严，是崇高产生的源泉。崇高的目的，就是让人的心灵获得自由与完整性。

哲思语

① 征服危险的人是伟大的，而屈服于危险同时又不惧危险的人，则是崇高的。

② 不知道他自己尊严的人，便不能尊重别人的尊严。

我对他人负有绝对的责任，但他人并不因此对我产生责任

伊曼努尔·列维纳斯（1906—1995年）出生在立陶宛考纳斯，幼年在立陶宛接受过传统的犹太教育。在犹太高中时，他阅读了大量的俄国文学，这使得他在1924年进入法国阿尔斯特拉斯堡大学后，对哲学产生了浓厚的兴趣。

"他者"

列维纳斯认为，西方文化在本体论的传统中出现了危机，使得社会面临种种恶果，究其原因就是在对"总体性"和"同一性"的追求中，忘记了"他者"。

列维纳斯所说的"他者"分为两种：

第一种是传统意义上的"他者"，可以转化为同一或自我的他者，即"相对的他者"。

在西方哲学中，这一"他者"被众多哲学家提过，比如黑格尔的"他者"之于"绝对"，海德格尔的"共在"之于"此在"。在列维纳斯看来，这种"他者"有其价值，但无法揭示"他者"的真正含义。

第二种是"彻底的他者"或"绝对的他者",其特点是绝不能还原为自我或同一。

在西方哲学中没有这种"他者"的传统,只有对这种"他者"的占有或同一,因此列维纳斯的哲学,简单来说就是要保护"他者"不受"同一"的侵害。

列维纳斯的"他者",是存在的他者而非我的他者,既不是另外一个我,也不是外在于我的对象。他认为,伦理是与来自世界外部的他者发生关系,唯有在与他者的关系中,才能有伦理存在的根基。在列维纳斯看来,"他者"是上帝或无限的象征,否定了自我包含一切的总体性:我和他人的关系,不是冲突关系,也不是共在关系,我对他人负有绝对的责任,但是他人并不因此对我产生责任。

关于上帝,列维纳斯是这样说的:"我是通过人与人的关系来确定上帝的,而不是采取相反的途径……上帝不能与我相遇,而是处在我的期待之中。正因为我永远期待上帝,所以上帝确实存在。"当然,他所期待的上帝,是"未受存在玷污的上帝"。在他看来,上帝与人是"没有关系的关系"。作为绝对的他者,上帝闪耀在我与他人的相遇之中,唯有通过人与人的伦理关系,谈论上帝才有意义。

列维纳斯的伦理观点虽不合传统伦理的规范，却也不失为一种伦理。他试图通过一种现象学的描述，表明伦理是生存的条件，在这种描述中，伦理对人有了更深的要求，即我对他人的责任和义务是绝对的。这一点，也是他的哲学对人的启发。

哲思语

我是通过人与人的关系来确定上帝的，而不是相反的途径。

想左右他人先左右自己，认识自己方能认识人生

在苏格拉底以前，希腊的哲学家们主要研究宇宙的本源是什么、世界是由什么构成等一系列问题，后人将其称为"自然哲学"。到了苏格拉底这里，他认为研究这些自然问题对于拯救国家没有现实意义，因为自然界的因果系列无穷无尽，如果只去寻求这种因果，根本无法认识事物的最终原因。

于是，苏格拉底要求做"心灵的转向"，将哲学从研究自然转到研究自我上。他说："想左右天下的人，须先能左右自己；认识自己，方能认识人生。"至此，自我和自然就被区分开来了，人不仅仅是自然的一部分，更是一种独特的实体。苏格拉底开创了一个全新的哲学领域，后人将他的哲学称为"伦理哲学"。

苏格拉底认为，一个人要有道德就必须有道德的知识，一切不道德的行为都是无知的结果。人们只有摆脱物欲的诱惑和后天经验的局限，获得概念的知识，才会有智慧、勇敢、节制和正义等美德。他认为，道德只能凭心灵和神的安排，道德教育就是使人认识心灵和神，听从神灵的训示。

哲思语

① 认识自己，方能认识人生。

② 没有人因为知道了善而不向善的。

③ 人类最大的幸福就在于每天能谈谈道德方面的事情。

哲学基础入门：有趣的哲学家和哲学思维

哲学的 **7**
终极追问

我们该怎样
生活?

生活有基础性的选项，但个人选择可以有差异

在克尔凯郭尔的哲学中，人生有三个阶段。

第一，审美阶段。

在这一阶段，个人沉溺于感性的享乐生活，没有道德责任感，充满了混乱、堕落的行径，此时此刻的享乐就是一切。没有信念，也没有普遍的原则与规范，这种生活最终会因为不能长久满足或是满足后的空虚和厌倦使人痛苦、绝望，促使人去追求另一种较高阶的生活方式，这便进入了道德阶段。

第二，道德阶段。

这一阶段，个人的生活受理性支配，能够克制暂时的情欲，把个人的欲望与社会义务结合起来，遵守普遍的道德准则与义务，趋善避恶，崇尚理想，乃至为了理想牺牲自我。但这一阶段仍然存在矛盾，个人总不能摆脱世俗的感性生活，容易因为诱惑而忘记道德义务，当二者发生冲突时，伦理的人会产生负罪感。依靠伦理无法解决有罪的问题，因而只能忏悔，这就进入了宗教阶段。

第三，宗教阶段。

这一阶段，个人不再追求审美阶段的享乐，摆脱了世俗的、物质的东西的束缚，也不再崇尚道德阶段的理性，摆脱了道德原则与义务的制约。人仅仅是作为他自己而存在，他所面对的只有上帝。人只有在宗教阶段才能达到真正的存在。因此，人生的道路就是走向上帝的道路。

克尔凯郭尔提出的三个阶段，是由低级到高级的上升过程，但他并不认为每一个人的生活道路都要依次经历这三个阶段，这只是三种可供选择的可能性，各人的选择可以有差异。有时，三种阶段可以重叠交错，因为只有少数人才能达到第三阶段。

克尔凯郭尔并未告诉人们该如何生活，但他给出了基础性的选项，描绘了选择所涵盖的东西，指导着人们去寻找各自的道路，这也正是其哲学的伟大之处。

哲思语

① 你怎样信仰，你就怎样生活。

② 既不使自己的生活百无聊赖，又不无谓奔忙，那么，就必得有某种更高的东西存在，通过它，人们可以走向高处。这个"某种更高的东西"，就是信仰。

回归内在的心灵，为思想的宁静自由而努力

爱比克泰德对宇宙的本质、物质没什么兴趣，他终身都在思考这样的问题：我们如何才能过上充实而幸福的生活？我们如何才能够做一个好人？

在爱比克泰德看来，美好人生并不是把各项规则罗列出来，机械地去遵守，而是要寻求心灵的自由和安宁，回归内在的心灵，遵从自然规律，过一种自制的生活。

他认为，真正的自由是一种美德而非反抗或坚持己见，是过一种朴实地为家庭和社会服务的生活，而非去操纵自然或控制人类。众人所仰慕追求的名望、财富、权力，都是昙花一现的东西，与真正的幸福毫无关系。要收获美好的人生，当控制欲望、履行义务、认清自己。

爱比克泰德知道，人们在生活中会遇到各种问题，为了给身处不同境况的人们勾勒出一条通往宁静和幸福的道路，让人们懂得如何安顿自己的心灵，理性地面对生活中的一切问题，他付出了毕生的心血。在他的著作中，我们经常会看到这样的话，如："让我平静地接受我无法改变的事情；让我勇敢地改变我可以改变的事情；请赐予我识别哪些事情我可以改变、哪些事情我无

法改变的智慧。"

好的生活是内心平静的生活，幸福只能在内心找到，而自由才是生命中唯一值得追求的目标。对那些我们无法控制的事情不予理睬，才能获得自由；如果我们的头脑充满了可悲的恐惧、浮躁与野心，就不可能拥有一颗轻松自在的心。

儒家经典著作《大学》中说："知止而后有定，定而后能静，静而后能安，安而后能虑，虑而后能得。"这与爱比克泰德的观点大致相同，意思是：能够知其所止，止于至善，意志才有定力；意志有了定力，内心才会安静；内心安静了，才能随遇而安；能够随遇而安，才能思虑周详；能够思虑周详，自然能够达到至善的境界。

时至今日，爱比克泰德的思想依然具有很强的启发性和指导意义，甚至有人说，他的思想预示了时下的一种心理疗法的理论：天灾人祸不足奇，想不开才出问题。他帮助人们找到了一种忍受人生的办法，引导人们去为思想的宁静、自由而努力。

哲思语

① 否定意志的自由，就无道德可言。

② 扰乱人们的不是客观事情，而是人们对客观事情的见解。

③ 不要总想着请他人给你一些建议，这是荒谬而可笑的，因为，他人并不知道你需要什么。

④ 如果将你的身体交给一个陌生人任意处理，你一定会感到愤慨。那么，当你将自己的精神交给一个偶遇者任意处置时，你难道不感到羞愧吗？

不沉湎于物质的享受，过有节制的修行生活

幸福究竟是什么？对于先哲们所说的"至善""至德"，托马斯·阿奎那（1225—1274年）似乎觉得都不尽意。他是虔诚的基督徒，相信上帝存在，并提出了著名的"五路论证"，即从五个方面来证明上帝的存在。

在阿奎那看来，如果只有人间的幸福，那么作为一切事物的创造者上帝的位置又将如何解释呢？如果像奥古斯丁那样，把幸福全部让渡给上帝，那又该如何解释

世间人们的物质享受等部分欲望的满足现象呢?

阿奎那认为,真正的幸福只能在上帝那里,他将其称为最高幸福,也就是"至善"。这是一种排除了一切恶和一切欲念的"普遍的善",只能在上帝身上找到。因为,人类有探索事物的渴望,且对上帝的认识是人的根本要求,这种渴望和要求人们永远得不到满足。如此一来,人就不会有绝对的幸福。

阿奎那还认为,尽管上帝在创造人的时候,根据人的不同赋予了他们不同的从善倾向,但这并不能替代众人之善。所以,阿奎那得出结论:只有上帝才是众人之善之所在,在上帝那里的幸福才是众人的幸福。

显然,阿奎那借鉴了奥古斯丁的上帝幸福论,同时也发展了亚里士多德的幸福论。因为亚里士多德曾经说过,具有神性的人可以达到至善和幸福。阿奎那把人换成了上帝,又舍弃了一切世俗的欲望,将两者完美和结合起来。

至于如何才能得到幸福,阿奎那认为:只有去认识上帝、爱上帝,才能够得到上帝的恩赐,分享上帝的幸福。他提倡人们在现世过有节制的修行生活,要过忏悔和祈祷的生活,要尽义务地积极生活,不要沉湎于物质的享受,受物质欲望的诱惑。

① 完美的幸福在于看见上帝。

② 我们所爱之物昭示着我们究竟是谁。

③ 人生在世，只不过是过路的旅客。

每一种快乐都是某种善，但不是每一种快乐都值得选择

亚历山大大帝的远征使得希腊城邦的独立遭到了破坏，共和政体遭到瓦解，可谓危机四伏。此时，希腊文明已经开始走向衰落，历史学家将这一段文化衰落期称之为"希腊化时"。

在希腊化时，人们害怕战争和死亡，这种恐惧感取代了人生的希望，整个社会陷入了一片混乱中，沉浸在消极悲观的氛围里，所有人都渴望找到心灵指引的秘方。哲学家以爱智为业，自然责无旁贷。在这样的时代背景下，伊壁鸠鲁带着他与众不同的哲学思想出现了。

✒ 快乐主义 ≠ 享乐主义

伊壁鸠鲁认为，快乐是幸福生活的起点和终点，是最高的善，我们的一切取舍都从快乐出发，我们的最终目的是得到快乐，所以快乐无可辩驳地具有崇高的价值。

不过，很多人并未真正地理解伊壁鸠鲁的快乐主义，甚至还扭曲了他的原意，把快乐主义当成了享乐主义。要知道，尽管伊壁鸠鲁把快乐和幸福等同起来，可他坚决反对把快乐和享乐等同，他说："每一种快乐由于其自然吸引力，都是某种善，但并不是每一种快乐都值得选择。只有既自然而必要的快乐才是我们要选择和追求的快乐。"

可见，伊壁鸠鲁所说的"快乐"，不是指奢侈放荡的快乐。

✒ 三类不同的快乐

究竟什么样的快乐才是既简单又必要的呢？

对此，伊壁鸠鲁有自己的见解，他区分了三类不同的快乐。

第一，自然而必要的，比如饿了要吃饭，渴了要喝水，困了要睡觉，满足了这样的最基本需要，人就能够感到快乐。

第二，自然而不必要的，如奢侈的宴饮、过度的物质享受，满足这些需要也可以感到快乐，但无法增加新的快乐。

第三，不自然又不必要的，如虚荣心、爱慕权力等，虽也能够带来快乐，但这种欲望违背了人的天性。

伊壁鸠鲁认为，痛苦源自欲望不能满足，欲壑难填会产生道德上破坏性的动机，让人因为无法主宰自己的命运而产生痛苦。所以，钱财和奢侈的生活远远不及灵魂的"宁静"重要，心灵宁静了，纵然身体不健康或是没有丰裕的物质，人依然可以获得快乐，且这种快乐是稳定而平衡的。

哲思语

① 我们说快乐是主要的善，并不指肉体享受的快乐，使生活愉快的乃是清醒地静观。

② 不明智、不健康、不正直地生活是不可能活得愉快的；同样，活得不愉快也就不可能活得明智、健康和正直。

享乐要节制，拒绝一切不合时宜的快乐

德谟克利特知识渊博，经常有各地的人向他请教生活中遇到的问题。

有一次，一位年轻人问他："什么是快乐？"

德谟克利特说："快乐与不适，构成了你应该做和不应该做的事的标准，也决定了有利和有害之间的界限。"

年轻人追问："那是不是吃得好、穿得好，就是快乐？"

德谟克利特语重心长地说："这只是快乐的一种形式，对于只沉溺于口腹之欲，在吃喝与情爱方面过度的人，快乐是转瞬即逝的。唯有他们在吃着、喝着的时候，才是快乐的，除了这种转瞬即逝的快乐，再没什么好的东西，因为他们总会感觉到有需求尚未满足。所以，我们要拒绝一切无益的快乐。"

年轻人不解，询问："那么，我们是否该尽情享乐呢？"

"不！享乐要节制。节制会让快乐加倍，会让享乐加强。没有节制的欲望是儿童的事，不是一个成年人的事，不合时宜的享乐会产生厌恶。"

德谟克利特看了看年轻人，又继续说道："通过享乐上的节制，以及生活的宁静，才能够获得快乐。我们要定心于那些可能的东西，满足于力所能及的事物，多看看那些生活贫苦的人，想一想他们的痛苦，这样你所能支配的财富就会显得很大，且不会再因为想要多一些而给自己的灵魂带来伤害。我们要去追求自己所有的，经常跟那些更不幸的人去比一比。如果你接受了这一原则，你就能生活得更愉快，并驱除生活中的那些恶——嫉妒、仇恨、怨毒。"

年轻人听后，发现德谟克利特并没有提到财富，故而感到奇怪，于是追问："难道拥有财富不是一件快乐的事情吗？"

德谟克利特回答说："给人幸福的不是身体上的好处，也不是财富，而是正直与谨慎。一个人如果太缺乏财富，那么拥有财富会让他感到快乐。然而，一个明智的人，不应该为自己没有得到东西发愁，而应该享受他拥有的东西。如果对一种特定的对象欲望过于强烈，就会让灵魂变得盲目，看不到其他的事物，对于财富的欲望也是如此。"

年轻人又问："那我们应该追求美吗？"

"是的，大的快乐源自对美的瞻仰，追求美而又不亵渎美，这种爱是正当的。然而，如果身体的美，不与聪明相结合，那就是一种动物性的美。打开内心，看到的是各种各样的情欲。人应该每天怀着新的思想，追求知识，这样才能避免许多不快乐。对别人所有的东西，不要心存嫉妒，嫉妒是自寻烦恼，是自己的敌人。"德谟克利特说。

"你是对的。"说完，年轻人快乐地离去了。

哲思语

① 享乐要节制，节制会让快乐加倍，会让享乐更多。

② 心灵应该习惯于从自身中吸取快乐。

③ 动物如果需要某样东西，它知道自己需要的程度和数量，人类则不然。

我们有权保护私有财产，也有义务不去侵犯他人

在英国埃塞克斯郡东部小镇的一个教堂牧区，一座墓碑上用拉丁文写着这样一段话："身为一个学者，他

以追求真相为他学习的唯一目标，你可以在他的著作里发现这点，任何有关他的事物都写在他的著作里了，也都比本墓志铭对他的赞美还要真实……"

此墓志铭，是对约翰·洛克最真实、最贴切的评价。

约翰·洛克（1632—1704年）是英国伟大的唯物主义哲学家、政治思想家、古典自然学派的代表人物，是启蒙时代最具影响力的思想家与自由主义者。他一生经历了王朝复辟、伦敦大火、伦敦大瘟疫等多个历史事件，他的理论对哲学和政治哲学界产生了巨大的影响，特别是对自由主义的发展作出了巨大贡献。

洛克认为，"财产"包括拥有"生命、自由和财产"的权利。

每个人都"拥有"他自己，因而每个人在自然状态下都是自由而平等的，必然拥有他劳动所得的产品。如果否认了这一点，就便等同于将他视为奴隶。因此，每个人都有权在自然赋予的资源上混合自己的劳动。比如，树上的苹果对所有人都没有用处，只有当某个人把它摘下来它才有可能被食用，谁采摘了苹果，它就是那个采摘者的财产。

同时，洛克又提出了一个论点，他主张：我们必须允许苹果被采摘成为私人财产，否则大千世界的资源再怎么丰富，人类也会被饿死。一个人必须被允许进食，他有权利食用自己通过劳动得到的果实，也有权利拒绝别人食用他的果实。企图剥夺一个人的财产权，不仅仅意味着企图夺走他的东西，还意味着企图夺走他的自由和生命，意味着与他处于敌对的状态。

每个人都有权保护自己的财产免受侵害，也有义务克制自己不去伤害他人，除非是行使自卫权。因而，只要每个人都坚持不侵犯他人的基本原则，人人都可自由地追求自己的幸福。保护私有财产是为了维护生命与自由，所以，自由和财产就成了不可分割的统一价值体。

哲思语

① 规则应该少定，一旦定下便得严格遵守。

② 在一切能够接受法律支配的人类的状态中，哪里没有法律，哪里就没有自由。

③ 即便是最深刻的言论，如果一个人说的时候态度粗暴、傲慢或者吵吵嚷嚷，即便是在辩论上获得了胜利，在别人心目中也是难以留下好印象的。

以别人喜欢听的方式，讲述自己想表达的东西

　　哲学家伊壁鸠鲁在有了一些声誉后，许多地方都向他发出了演讲的邀请，这让伊壁鸠鲁感到很高兴。可是，紧接着问题又来了，他不知道自己该讲什么。

　　有朋友向他提出建议："当然是讲你自己想说的话呀！人家邀请你去演讲，就是想从你身上学到知识，不然的话，人家邀请你做什么呢？"伊壁鸠鲁觉得很有道理，就将自己的哲学思想进行了整理，并写成了演讲稿。

　　然而，演讲的效果并不好。伊壁鸠鲁研究的哲学领域很深奥，甚至是晦涩难懂的，虽然他在台上拼尽全力地去讲解，可台下的听众们依然是无精打采、昏昏欲睡，因为大家都听不懂他在说什么。见此情景，伊壁鸠鲁觉得很难过，该怎么办呢？

　　于是，又有朋友给他提建议："不如讲点儿别人都喜欢听的吧！只有人喜欢听，你讲起来才有意义啊！"伊壁鸠鲁想了想，觉得有道理。于是，再次演讲的时候，他就将自己精心搜集起来的大家喜欢听的趣事、趣闻，一股脑儿地都讲了出来。

　　果然，大家听得津津有味，每次演讲结束时，都觉

得意犹未尽。

　　讲了一段时间之后，伊壁鸠鲁又觉得不对劲儿了。虽然大家都喜欢听他的演讲，可谁也无法从他的演讲中学到知识。长此以往，他就不是哲学家了，而是一个讲笑话逗趣的小丑了。

　　到底该怎么做呢？

　　伊壁鸠鲁去请教自己的老师："演讲时，是该讲自己喜欢说的，还是讲别人喜欢听的呢？"

　　老师笑着答："以别人喜欢听的方式，来讲你想说的东西，这样最好。"

　　伊壁鸠鲁恍然大悟。此后，他将自己研究的哲学写成小笑话、小段子，作为演讲的素材，不但深受听众们喜欢，还宣扬了自己的思想。

哲思语

① 在确保终身幸福的所有努力中，最重要的是结识朋友。

② 对我们帮助最大的，并不是朋友们的实际帮助，而是我们坚信可以得到他们帮助的信念。

走出女性的"他者"地位，个体是生而自由的

波伏娃（1908—1986年）是法国哲学家、小说家，是现代女性主义运动的开创者之一，甚至可以说她已成为全世界女性主义的英雄。她最主要的哲学著作是《模棱两可的伦理学》和《第二性》，但人们经常因为波伏娃在女性主义运动中边缘化的决定，而忽视其作品的哲学意义。

波伏娃的思想，发展了萨特的存在主义主题。

萨特认为，懦夫和英雄不是天生的，而是由行为决定的，我们的行为代表了我们是怎样的人。因此，任何一个行为英勇的人都是英雄，而任何一个行为懦弱的人都是懦夫。

不过，人始终可以选择下一次做出不一样的行为，所以根本不存在所谓的"本性"能决定我们必须如何行为。否认我们有彻底的自由，被萨特称为"自欺"。

按照萨特的思想框架，波伏娃也认同个体是生而自由的，且出生时不带本质。但是，人的生理性别鉴定，对女性来说则意味着定义了她的人格。女性变成了"女人"，这一含义是社会和文化赋予的。所以，女性并非

波伏娃

1908—1986

女权运动创始人

代表作《第二性》

女人并非天生的，而是后天造就的。

生来就是女人，而是因为接受并扮演了社会定义为合适的角色，才变成了女人。这就是波伏娃说的——"女人并非天生的，而是后天造就的。"

这算不算是"自欺"呢?

波伏娃认为，自欺的假定前提是，人意识到自己在所处境遇中拥有自由的可能，却选择了忽略。然而，该意识却并不是一个给定的事实。

以孩子来说，他不可能有自欺行为，因为他们生活在父母或监护人的世界里，其存在由他人来定义。只有他们长到青少年，进入觉醒期，才会产生存在主义的"畏"。

波伏娃认为，女人的存在，向来都是由社会经济环境定义的，所以她们并不知道自己在其境遇里拥有自由的可能，所以其行为不属于自欺。

社会期望女性服从，拥有温顺、柔弱、持家的特质，就从社会化的各个方面去影响女性，如法律、教育、文化、艺术等，让她们将这些规则内化。这些规则内化之后的结果，就是女性承认了自己是女性，承认了社会的期望，也承认了男权的支配。

波伏娃从思想层面深刻地指出，女性不是天生就是人们眼中所谓的"女性"，男女存在生物学上显而易见的差别，但这些生物学上的差别并不必然导致社会学上的差别。她说，女性要敢于跳出被男人设定的"他者"圈子，站在人生的另一个高度思考女性问题，要有属于自己的真实想法，重塑女性的主体意识。

哲思语

① 打扮不仅仅是修饰，它还表明了女人的社会处境。

② 人们将女人关闭在厨房里或者闺房内，却惊奇于她的视野有限；人们折断了她的翅膀，却哀叹她不会飞翔。但愿人们给她开放未来，她就再也不会被迫待在目前。

走自己的路，让别人去说吧

✒ 哲学与伦理学同义

但丁（1265—1321年）是欧洲文艺复兴时期意大利的一位文学家，也是一位用诗来表达思想的哲学家。尽管西方哲学史不认为他是哲学家，可他却把自己的著作《神曲》视为哲学著作，但不是思辨哲学，而是实践哲学，即伦理学。在他看来，哲学与伦理学是同义的，都是教人抑恶扬善的。

在《神曲》中，但丁把教会和国家比作两个太阳，教会代表的是精神世界，而国家代表的是尘世生活。在他看来，教会与国家是无法融为一体的。他对当时封建统治阶级的丑恶行为充满厌恶，无情地揭露了那些剥削人民的豪门显贵与贪官污吏。

崇尚自身价值

在黑暗的社会中，但丁始终歌颂自己的理想，并对生活充满热情。他认为，人类是高级动物，有天赋的理性与坚韧的意志，这是无知的禽兽无法比拟的。人类生活的目的就在于追求至善至美的东西。

很可惜，但丁这种崇尚自身价值观的思想，与当时宗教神学竭力否定人的价值的宣传，是格格不入的。即便如此，但丁依旧坚持自己的理想。他认为，自身的理性和意志，是上天的馈赠。对于坚守个性，但丁说了一句流传千古的名言："走自己的路，让别人去说吧！"

① 尽心就意味着完美。

② 生活于愿望之中而没有希望，是人生最大的悲哀。

死亡不值得恐惧，用理性规划自己的生活

伊壁鸠鲁认为，灵魂是物质的，原子布满了人的整个身体。感觉的产生，就是身体投射出去的薄膜触碰到了灵魂的原子，这些薄膜在它们原来所赖以出发的身体解体后，依然可以继续存在，这就可以解释为梦。人死之后，灵魂就消散了，它的原子也不能再有感觉，因为它们已经无法和身体联系在一起了。

为此，伊壁鸠鲁才说："死与我们无干，因为凡是消散了的都没有感觉，而凡是无感觉的都与我们无干。"伊壁鸠鲁的意思是，死亡和神一样不值得恐惧，因为死亡只是人的感觉的丧失。当人活着时，死亡还没有到来；当死亡到来时，人已经不存在。

所以，死亡与人生不相干，人应当通过哲学认识自

然和人生，从对神和死亡的恐惧中解放出来，用理性规划自己的生活。

哲思语

① 死不是死者的不幸，而是生者的不幸。

② 死亡对于我们是无足轻重的，当我们存在时死亡还没有来，当死亡到来时我们已不存在了。

人当自己决定死亡的时间和地点

犬儒派的哲学家代表第欧根尼，是一个敢言敢为、不畏权贵的人。对那些看不惯的人和事，他会极尽挖苦之能事。表面上看，他放浪形骸，实则他内心有自己的信仰。

犬儒派哲学家提倡，人当自己决定死亡的时间和地点，第欧根尼是第一个实践者。当他感到生命已经走到尽头的时候，他用斗篷裹紧自己，窒息而死。

第欧根尼死后，塞尼亚得的后代对他进行了安葬，而多年前驱逐他出城的辛诺普人也终于明白，这位伟大的哲学家给母邦带来的荣耀，远远盖过了他曾经铸造伪币的前科。于是，他们在家乡为第欧根尼修造了一座青铜雕像，上面的碑文写得恰如其分：

"时间甚至可以摧毁青铜，但永远不能摧毁你的光荣，因为只有你向凡人指明了最简单的自足生活之道。"

其实，对于2000多年后的现代人来说，第欧根尼崇尚简单生活、摒弃外物带来的感官愉悦，注重精神快乐的理念，也依然是一个不折不扣的生活之道。

哲思语

从哲学中，我至少学会了要做好准备去迎接各种命运。

向死而生，才能从容不迫地面向死亡

✒ "此在"

海德格尔给人这种存在者，起了一个专有名词叫"此在"，意指：在此的存在者。

人的属性不是现成的，而是处于不断形成之中，人可能一生都在不停地塑造自己，一切皆可改变。因而只能说，人的本质先于他的生存。

海德格尔认为，"此在"的存在方式有两种。

其一，在世之在。

海德格尔指出，"此在"一旦存在，必然要与外界发生关系，所以它是在世的存在。人在世界之中时，与事物的关系很复杂，海德格尔将人与事物之间的遭遇称为"打交道"，将与事物打交道的时间活动称为"烦忙"。

其二，此在与共在。

在世界之中，有自我和他人，人的存在注定要与他人共在。

人的一生是通过情绪和情感表现出来的。而人的存在中，最能显露其存在本身意义的，就是对烦、畏、死这些情绪的体验。人永远处于一种未定的状态中，总是不断地筹划自己、设计自己、选择自己、实现自己，获得自己的本质，周而复始。因此，人生来就"烦"。

在《存在与时间》里，海德格尔提到，此在的存在是生存，此在的不再存在就是死亡。

表面上看来，似乎人首先生存着，到一定的时间才死去，生存是死亡的否定，死亡是生存的结束，除此之外两者之间再无瓜葛。所以，在海德格尔看来，与其说"不知生，焉知死"，不如说"不知死，焉知生"，生蕴藏着死，死蕴藏着生。

海德格尔认为，人最大的"畏"就是"畏死"，但这不同于我们常说的贪生怕死，而是说人对于"向死而生"的认知。人只有认识到自己是"向死而在"的，才能筹划自己、设计自己。因此，"向死而生"就是提前到死中去，不要等到临死时才去思考死亡。不过，普通人很难认识到这一点，所以，普通人总是害怕死亡，想逃避死亡。

本真意义上的"向死而生"，是将死视为"最本己"的可能性，是人的一种真正的本质。认清了这点，才能从容不迫地面向死亡，进而获得高度的自由，实现自己的一切可能性，并且从对死亡的体验中，体验人生的价值和意义。

哲思语

① 人是"走向死亡的存在者"。

② 向死而生的意义是，当你无限接近死亡，才能深切体会生的意义。

哲学的 **8**
终极追问

———

如何获得
知识？

未经反省的人生是不值得过的

✒ 痛苦的人 VS 快乐的猪

苏格拉底一生都在从事教育工作，但他并未创办学校。他施教的场所很随意，广场、体育馆、商店、街头都可以；他施教的对象也很广泛，上到达官贵人，下到平民百姓，无论谁向他求教，他都不收任何报酬地热情施教。他这么做的目的很简单，就是想要造就治国人才。

伯里克利死后，雅典没有好的领导人，民主制度成了极端民主化，变成了无政府主义。苏格拉底对此感到很痛心，希望可以通过教育来培养人才。

苏格拉底的教育内容，紧紧围绕着他的道德伦理展开，其核心就是探讨人生的目的和美德，强调认识自己和认识社会的普遍原则。

他曾说："在这个世界上存在两种人，一种是快乐的猪，另一种是痛苦的人，宁做痛苦的人，不做快乐的猪。"在他看来，一个人若不以追求高尚的道德为基准，不去探求世界的真理，而仅仅以享乐为生活的主要目的，那和猪没什么两样。

✒ 为思想"接生"

在教育的方法上，他拥有自己独特的方式——产婆术，即为思想接生，引导人们产生正确的思想。这个过程有三步：第一步是苏格拉底讽刺，他认为这是能够让人变聪明的一个必要步骤，一个人必须谦逊，才能学到真知；第二步是定义，在问答中经过反复地诘难和归纳，得出明确的定义和概念；第三步是助产术，引导对方思考，自己得出结论。

苏格拉底在平时与人辩论时，也是通过这种问答形式使对方纠正、放弃原来的错误观念，帮助人产生新思想。在这种剥茧抽丝的谈话过程中，他可以让对方了解自己的无知，发现自己的错误，建立正确的知识观念。在西方哲学史上，这种方法可谓是最早的辩证法的形式，且这种传授知识的方式也为后来的启发式教育奠定了基础。

历史的车轮永远在前进，2000多年过去了，苏格拉底在西方人的心中依然占据着不可动摇的位置。他意味着独立不倚的精神，意味着孜孜不倦的探求，意味着不计个人得失的高贵，意味着知识分子的良心与良知。他就像自己所说的那样："我就是神让我老叮着这国家的牛虻，整天总是紧跟着你们，鼓励你们，说服你们并责备着你们。"

哲思语

① 每个人身上都有太阳，主要是如何让它发光。

② 未经审视的人生是不值得过的。

认识自然万物的本性，打破内心的恐惧

在希腊化时期的混乱状况中，人心忐忑不安，充满了恐惧。为了消除人们对神灵和死亡的恐惧，享受快乐的生活，哲学家们挺身而出。

伊壁鸠鲁潜心研究物理学，因为他认为自然知识是为伦理学服务的，唯有让人们了解了自然万物的本性，掌握科学的知识，才能打破恐惧，获得心灵的宁静。

这一点，正如詹姆斯·尼古拉斯评论的那样："唯

有哲学才能够净化人们的灵魂，让人们的心灵摆脱那些虚幻的欲望，使人们能够摆脱恐惧而幸福地生活，使之能够为了那些自然而天生就好的东西去生活。"

哲思语

如果你想享受真正的自由，就必须充当哲学的奴仆。

尊重自然，用知识去认识和利用自然

中世纪时期，神学和经院哲学占主导地位，提倡神性高于人性，宣扬自然界和人都是上帝有目的地创造和安排的。对这种信仰主义、蒙昧主义，培根（1561—1626年）予以了抨击和驳斥，强调了人的地位和作用。在人与自然的关系上，培根认为"人是自然界的臣下和解释者"，人应当尊重自然，服从自然，但不能消极地接受自然的摆布，而是要靠自己的力量去认识和利用自然。

那么，人们要依靠什么样的力量去认识和利用自然呢？

培根提出了一句响亮的口号——知识就是力量。他认为，知识是开启自然秘密的钥匙，人的知识素质决定了人类的文明程度。他把知识视为一盏灯火，可以照亮隐藏在世界深处的一切秘密，人类如果没有知识，就会永远愚昧。接着，培根又对知识进行了分类：

第一类，自然的知识，对应着自然科学；

第二类，上帝的知识，对应着神学；

第三类，人的知识，对应着人类科学。

之所以把人类科学放在最后，是因为他认为人类科学是最高的科学，科学研究、学习知识的目的，都是为了使人得到幸福。在他看来，人可以通过信仰宗教拯救自己的灵魂，也可以通过科学知识利用自然为自己谋利。

培根有一本未完成的著作《新大西岛》，里面表露了人可以通过科学驾驭自然的思想。在书中，他设计了一个理想社会，那里拥有众多的科研机构和科研人才，人们借助知识的力量，实现了幸福的生活。在他看来，人类是可以通过学习知识来实现那种理想社会的境地的。

哲思语

① 知识是一种快乐，而好奇则是知识的萌芽。

② 当你处世行事时，正确运用知识意味着力量。

做学问要学蜜蜂，对知识进行消化、吸收和创造

培根曾经做过一次名为"蚂蚁、蜘蛛和蜜蜂"的演讲。

演讲开始后，他先向听众提了一个问题："你们都见过蚂蚁、蜘蛛和蜜蜂吗？"台下的人哄笑起来，大家都觉得，这个问题根本不需要回答。

然而，培根接下来的一番话，却让听众陷入了沉思："蚂蚁、蜘蛛和蜜蜂，这些大家都知道。可是，谁能够说出它们在方法论上各有什么样的特点和意义？"

台下寂静一片，培根环顾了一下人群，开始慢条斯理地阐述他的理念。

"蚂蚁是很勤劳的小动物，几乎每天都是忙忙碌碌的，忙着把食物从外面搬回自己的窝里，储存起来以备冬天所需。蜘蛛每天忙着结网，从肚子里往外吐丝。蜜蜂每天忙着采蜜，吃进肚子里以后，再把它们吐出来，酿造出蜂蜜。从方法论的角度来说，蚂蚁的方法是知识搬家，蜘蛛的方法是搜肠刮肚，而蜜蜂的方法是消化、吸收、创造。

"有些人做学问，就像蚂蚁一样，自己没有什么新

见解，就是照搬过去的人说的那一套东西。这种做法对于新知识的积累，没有任何益处。

"有些人做学问，就像蜘蛛一样，只知道闭门造车，扎在书堆里苦思冥想，搜肠刮肚地'创造知识'。可惜，这种知识都是很肤浅的，因为没有充分利用前人的知识成果。

"有些人做学问，就像蜜蜂一样，他们懂得知识的积累对于创造新知识必不可少，因而十分重视前人的经验。但是，他们不会照搬前人的知识，而是对其进行分析、鉴别、整理，去粗取精、去伪存真，最终形成自己的独特见解。

"我提倡，所有的学者都向蜜蜂学习，不但要在前人积累的知识花园里辛勤劳作，最大限度地汲取前人对某些问题的见解，还要把花粉酿造成蜂蜜。"

这番演讲结束后，"蚂蚁、蜘蛛和蜜蜂"的故事就流传开来，成了新知识创造者最好的方法论启蒙教材。

哲思语

① 有些书可以浅尝即止，有些书是要生吞活剥，只有少数的书是要咀嚼与消化的。

② 做学问要像蜜蜂一样，对知识进行消化、吸收和创

造，去伪存真，最终形成自己的独特见解。

知识越是渊博，越是深感自己知识不足

笛卡尔曾经说过，知识越是渊博，越是深感自己知识不足。

很多人对他的想法表示不解："您的知识这么渊博，为什么还会有这样的感觉呢？"

笛卡尔回答说："哲学家芝诺用圆圈来表示知识的范围，圆圈里是已知的知识，圆圈外是未知的知识，知识的范围越多，圆圈越大，圆周也越长，圆圈的边沿与外界空白的接触面就越大。这样一来，未知的部分也就更多了。"

哲思语

越领悟，越发现自我的无知。

心灵是一块白板，所有的观念都源自经验

✐ "白板说"

在洛克生活的时代，天赋观念十分流行，这一理论认为人的知识并非起源于后天，把宗教和道德的基本原则神圣化，坚持唯心主义和信仰主义。很显然，这种理论不科学，与英国资本主义经济、政治发展不相适应。

为此，洛克对这种观念展开了批判，并提出了著名的"白板说"。

洛克说："我们可以假定人心如白纸似的，没有一切标记，没有一切观念。"

在他看来，心灵本身或是儿童心理的原始状态根本没有任何东西，只是一个一无所有的能力的抽象；后来它上面逐渐有的东西，全都是经验后天在上面书写的。

洛克的"白板说"与亚里士多德的"蜡块说"有相似之处。

亚里士多德把人心比作蜡块，认为它不是一无所有的空虚，上面什么都没有，而是某种作为能产生观念的可能性，能转变为现实的潜能而存在的东西；它在认识

中不是纯粹被动的承受物，而是本身就蕴涵着某种能动性的东西。

观念起源于经验

洛克在心灵白板的基础上，肯定和论述了观念起源于经验。

他认为，经验可提供观念的两个来源，即感觉和反省。感觉是人的心灵通过外界事物的作用的感受，也称"外部经验"，大部分的观念都源自此；反省是心灵对于它自己的各种活动以及活动方式的那种注意，是人的心灵对于自己内心作用的感受，也称"内部经验"，包括知觉、思维、怀疑、信仰以及心灵的各种活动。

在洛克看来，一切经验都建立在这两种经验之上，他还把人的理智比喻成"黑暗之室"，把感觉和反省比喻成暗室中的"窗子"，认为只有它们才能够让"光明透进来"，把外界事物的可见的肖像或观念传达进来。

教育是构成人最重要的部分

洛克强调心灵是一块白板，而观念是知识的唯一来源。因此，他十分注重教育，认为教育才是构成人最重要的部分，他说："我想我会说在我们所遇到的人之中，有九成的人的好坏或是能力高低，都取决于他们所受到的教育。"

同时，他还主张："在我们婴儿时期所感受到的任何琐碎印象，都会对我们以后有相当重大而持久的影响。"在他看来，一个人年轻时所形成的观念的联合，比后来形成的更为重要，因为它们是自我的根源，是第一个留在"白板"上的印象。

在《人类理解论》中，他还举了一个例子："我们不该让一个'愚蠢的女仆'告诉小孩在晚上时会有'小妖精和鬼怪'出没，否则'夜晚便会永远和这些可怕的念头结合在一起，他从此再也摆脱不掉这些想法了'。"

洛克的联想理论对后来的联想心理学产生了巨大影响，同时对教育理论也产生了极大的影响，几乎所有的教育家都会警告父母不该让小孩发展出负面的联想，他的教育理念已经成为当代家庭教育的主流和标尺。

哲思语

① 教育上的错误，比别的错误更不可轻犯。

② 智育只能是德育的辅助品，学问只能作为辅佐品德之用。对于心地良好的人来说，学问对于德行与智慧都有帮助；对于心地不好的人来说，学问就会使他们变得更坏。

学者在研究过程中应当做到价值中立

马克斯·韦伯是德国社会学家、哲学家，现代社会学奠基人之一。他是一个对现代社会提出深刻见解的哲学家，指出现代社会与古代社会的区别，不仅仅是在时间先后上不同，而是从本质上发生了深刻的变化。

韦伯把现代社会称为众神时代的重新降临。所谓众神时代，是指原有的统一的价值观消失了，现代社会不存在也不需要一个被所有人共同信仰的价值观，但整个社会仍然通过官僚制度与技术手段紧密地统一起来，人与人之间的关系却不再拥有共同的信仰基础。

在韦伯看来，传统社会的一大特征就是整个社会信仰同一种统一的价值观，如西方社会对基督教的统一信仰，这被他称为"一神时代"。随着资本主义的兴起，这种共同信仰的时代基础被瓦解，它不再是用一个另外的神来取代原有的神，而是彻底宣布"众神时代"的到来。每个人都可以有自己的价值追求，但又同时为社会所容纳，这是现代社会的一个本质特征。

以这一分析为基础，韦伯提出了一个著名的观念——价值中立。

他认为，现代社会各种价值观共同存在，无法判断哪一种价值观就比其他的价值观更高明。所以，作为学者，在研究过程中不应当受到价值判断的影响，要客观、公正地进行研究，做到价值中立。

在一次演讲中，韦伯明确提出：教师在授课时不应当用自己的价值倾向去影响学生，教师的作用在于，告诉学生有哪些价值观念，但不应当告诉学生应该去选择哪一种价值观念。

在韦伯看来，现代社会由于不需要一个统一的价值观念，人类的生活方式也会越来越趋向于工具化。人越来越像机器那样，每天按照社会的准则去生活，但会缺少精神上的追求与信仰。人们会越发注重现实，天堂和地狱被人们视为虚妄。科学在快速地进步，经济在日益增长，但人类的精神却越来越浅薄，越来越虚无，最后变成荒漠。这样的现象让韦伯心生担忧，因而他只能抱着一种悲观失望的心态，来面对世界的未来。

① 如果你不能从学问中获得陶醉感，那就离学术远
  一点。
② 灵魂不经过寂寞和清苦之火的锻打，完全炼不出任何
  有价值的东西来。

理解知识不能够脱离具体的历史环境

法国后现代主义大师福柯，自称是"思想系统的
历史学家"，其思想对文学评论及伦理、哲学、批评理
论、历史学、知识社会学，都有很大的影响。

话语权

福柯的研究涉及面很广，话语与权力的关系在其中
占有很大的比重。

话语，就是我们日常所用的语言，包括说和写。在

福柯看来，我们的说话并不是一件小事，它跟权力有很重要的关系。他仔细考察了知识的起源、发展和结构，把自己的工作称为知识考古学。他试图找出话语是如何通过权力成为知识，并发挥社会作用的。

这一理论简单来说，就是话语权。

在福柯看来，在一个社会或一个学科里，谁可以说话，说什么样的话，实际上都与权力相关。话语通过知识的形式冒充真理，可以执行某种社会功能。

在谈到对疯狂态度的变化时，福柯表示：1500多年前，"疯狂"被视为褒义词，大家认为这种人是很有眼光的。然而，"疯狂"这个词后来却变成了贬义词，被认为是需要社会治理和约束的疾病。在这个过程中，最大的变化不是"疯狂"本身，而是社会权力变化带来的对"疯狂"一词的不同理解。

福柯的理论是想告诉世人，绝对的真理并不存在，一切知识都应该在具体的历史环境下加以理解。同时，他还向我们表明，语言并不是那么纯净，当我们使用语言的时候，我们始终处在某种权力关系之下。

哲思语

① 你以为你在说话，实际上是话在说你。

② 知识变得越抽象复杂，产生疯癫的危险性就越大。

认识美好的事物是意见，认识美本身才是知识

柏拉图把人的认识分为三个不同的阶段——知识、意见和愚昧。

知识，是认识的最高阶段；意见，是认识的中级阶段；愚昧，则是认识的最低阶段。

对于最后一个阶段，多数人都能理解，但对于"知识"和"意见"，人们却经常混淆。

有一次，柏拉图和朋友谈起了知识和意见的区别，他说："一个人认识了美好的事物，不等于他有知识，因为这种对美的事物的认识，仅仅是一种意见，并不是知识。唯有认识了美本身，才能够称为知识。知识以真实存在的东西为对象，意见以存在与不存在之间的东西为对象。"

朋友听到这里，便糊涂起来，他说："知识以真实存在的东西为对象，这个我可以理解。可是，意见以

存在与不存在之间的东西为对象，是什么意思呢？难道说，还有介于存在与不存在之间的东西？"

柏拉图笑了，解释道："知识是真实的存在，无知与愚昧是不存在，意见既不是知识，也不是愚昧无知，它就是知识和无知之间的那个东西。现在，让我给你讲一个谜语，你也许就能更清楚地理解它。

"从前，在宫廷的宴会上，经常会有猜谜语的活动。有这样一个谜语：一个不是男人的男人，看见又看不见，用一块不是石头的石头，打又没有打站在一根不是棍子的棍子上的，不是鸟的鸟。客人们觉得这谜语很奇怪，猜了一会儿，谜底就出来了——这是一个独眼的太监，用一块浮石打却没有打中一只站在芦苇上的蝙蝠。

"这个谜语说得含糊其辞，有两层意思，让人既不能采取这个意思，放弃另外的意思，也不能同时肯定它的两个意思，又不能不采取这个或那个的意思。像这样的谜语，小孩子是最喜欢的，它不是知识的对象，只能是意见的对象。"

最后，柏拉图作出总结：这些东西，如何能够成为知识呢？

哲学家研究的是知识，而不是意见。所以，只有哲学家才能够称为"爱智者"，而那些普通人只能是"爱意见者"，他们只和意见打交道。

人们只在梦中生活，唯有哲人挣扎着要觉醒过来。

人的教育和事物教育，必须服从自然的指导

卢梭崇尚自然，主张"回归自然"，认为教育必须要顺应儿童天性发展的自然历程，必须遵循儿童身心发展的特征。他说："大自然希望儿童在成人以前就要像儿童的样子。如果我们打乱了这个次序，就会造成一些早熟的果实，它们既不丰满也不甜美，而且很快就会腐烂；我们将造成一些年纪轻轻的博士和老态龙钟的儿童。"

在卢梭看来，儿童的生理、心理的发展都是有规律的，不可能改变。

他认为，人的教育有三种来源：自然、人和事物。

如果在一个孩子身上，这三种教育是相互冲突的，那他所接受的教育就是不好的，天性就不能得到充分的发展；反之，若三种教育协调一致，趋向同一目标，他

的天性就能够完美发展，不仅能达到自己的目的，还能使生活变得更有意义。

那么，如何才能够做到这一点呢？

卢梭进一步指出：自然的教育不能够由我们决定，事物的教育只是在某些方面能够由我们决定，唯有人的教育才是我们真正能够加以控制的。因此，人的教育和事物的教育，必须服从自然的指导。

与此同时，卢梭还特别强调教育必须尊重儿童的个性，每个孩子都不一样，所以要按照个别的形式进行教育，让每个孩子都能够发挥出自己的主动性和创造性，身心得到顺利发展。

卢梭提出的根据不同时期的儿童身心发展的情况进行针对性教育的理念，在今天看来，仍然有巨大的意义。

哲思语

① 在儿童时期没有养成思想的习惯，将使他从此以后一生都没有思想的能力。

② 向他的头脑中灌输真理，只是为了保证他不在心中装填谬误。

③ 人的教育在出生的时候就开始了，人在能够说话和听别人说话以前，就已经受到教育了。

用体育锻炼身体，用音乐陶冶心情

在西方教育史上，柏拉图是第一个提出完整的学前教育思想并建立了完善的教育体系的人。

他提出，3~6岁的儿童要在保姆的监护下，聚集在神庙里做游戏、听故事，进行启发式教育；7岁之后，要学习军人所需的各种知识和技能，如读、写、算、骑马、射箭等；20~30岁，对抽象思维有兴趣的学生可以进行深造，学习天文学、数学等，锻炼思考能力；那些造诣较深的人，可以继续接受教育，用20年的时间来研究辩证法，学生50岁毕业后可担任国家最高统治者，同时成为哲学家。

在教学方法上，柏拉图继承了苏格拉底的问答法，把回忆已有知识的过程视为一种教学和启发的过程，反对生硬地灌输知识，提倡先提出问题，揭露矛盾，进而分析得出结论。

此外，柏拉图还很重视体育教育，其中包括妇女体育。

他说："做女孩的应该练习各种舞蹈和角力；结婚以后，便要参加战斗演习、行营布阵和使用武器……因为一旦当所有的军队出动去攻打敌人的时候，她们就能保卫儿童和城市。"他主张身心和谐发展，提出"用体育锻炼身体，用音乐陶冶心灵"，这种思想对后世的体育发展产生了深远的影响。

哲思语

没有什么比健康更快乐的了，虽然他们在生病之前并不曾觉得那是最大的快乐。

哲学的 **9**
终极追问

幸福的秘诀是什么?

要从悲剧中解脱，唯有在哲思中忘我和禁欲

叔本华的唯意志论，演绎出了悲观主义的人生观。

在叔本华看来，意志是无法遏制的盲目冲动，是永远得不到满足的欲望，而整个人生就是欲望——满足——欲望的恶性循环，因此痛苦也是无边无际的，快乐只是永恒痛苦中的短暂间歇。他说："如果我们的意识还是为我们的意志所充满，如果我们还是听从愿望的摆布，加上愿望中不断地期待和恐惧，如果我们还是欲求的主体，那么，我们就永远得不到持久的幸福，也得不到安宁。"

依照叔本华所说，欲望按其实质来说就是痛苦，如果我们对人生进行整体的考察，如果只强调它的最基本的方面，那么它实际上就是一场悲剧。

既然人生就是无尽的欲望，充满了痛苦，那如何从痛苦和悲剧中解脱出来呢？

叔本华认为，方法有两种：

一是在哲思中达到忘我的境，求得暂时的解脱；

二是禁欲，获得永久的解脱。

通过哲学的沉思、艺术的审美过程和道德的途径，能够使人暂时地忘记欲求，摆脱意志，从苦难中得到暂时的解脱。比如，对某一艺术品进行观审时，我们会摆脱意志，不再感觉到它那不断的欲求的痛苦，这也能在一定程度上缓解痛苦，但它是不彻底、消极的方法。

禁欲就是使一切意欲彻底泯灭，身外之物无所求，无所求即无所缺乏，也就无所痛苦了。

叔本华说："随着自愿的否定，意志被放弃……随着意志的取消，意志的整个现象也取消了；末了，这些现象的普遍形式时间和空间，最后的基本形式主体和客体也取消了，没有意志，没有表象，没有世界。"当意志"寂灭"后，一切因意志的冲动而产生的痛苦就同归寂灭了，取而代之的是高于一切理性的心境和平，和宁静不可动摇的自得与怡悦，从而实现人生最高理想，实现永久的解脱。

叔本华赤裸裸地指出了人生痛苦的一面，他说："我的哲学令人不快，因为我说出了真理。"他的哲学影响了后来的一大批哲学家，后来欧洲的悲观主义大多都可以从他的哲学中找到根源。

① 每个人都被幽禁在自己的意识里。

② 所谓辉煌的人生，不过是欲望的囚徒。

③ 美是高级的善，创造美是最高级的乐趣。

把对上帝的爱，变为对人的爱

费尔巴哈曾说："如果上帝的观念是鸟类创造的，那么上帝一定是长着羽毛的动物；假如牛能绘画，那么它画出来的上帝一定是一头牛。"

他这句话的意思是说，"上帝"其实是人类把自己的属性抽象出来，进行夸大和人格化，然后作为一个独立于人又强于人的实体来崇拜。

所以，与其说上帝创造了人，不如说是人创造了上帝。

基于这一点，费尔巴哈对基督教进行了批判，说"宗教就是欺骗"。他揭露了基督教的本质，指出人对上帝的崇拜，实则是对人的本质的崇拜；宗教产生的基础，是人的依赖感和利己主义；宗教是科学的死敌，起到了反动社会的作用。

至于人为何要创造出一个上帝，主要是因为物质和恐惧。因为世上有太多不确定的因素，人们无法理解，就会感到害怕，也会进行猜测，想象着是否有某种神奇的力量在操纵它。除了害怕，人们对自然也有感恩，因为自然为人提供了生存的资源和空间。

恐惧感与感恩交织在一起，就使人产生了依赖感，而这正是宗教的基础。

至于为何产生依赖感，费尔巴哈认为，那是出于人的需要。

有了需要，就有了占有的欲望，欲望无限，而可实现的欲望是有限的。当矛盾无法解决的时候，人就只好寄希望于某种幻想的力量，希望"上帝"能主持公道，化解矛盾。简言之，上帝是人的本质的异化，是依赖感的产物，所以我们应该把对上帝的爱变为对人的爱。

哲思语

宗教是人类精神的梦。

世界的确很荒谬，但这不能阻止我们快乐

阿尔贝·加缪（1913—1960年）是法国声名卓著的"存在主义"文学大师，"荒诞哲学"的代表人物。他不是纯思辨型的哲学家，而是以自身的经历、以文学创作中的人物形象与人的行为，推导出时代的哲学命题的、带有哲学思想的小说家。

✒ 西西弗斯的神话

加缪有一本著作名为《西西弗斯的神话》，生动地诠释了他的哲学思想。

西西弗斯是希腊神话中的人物，据《荷马史诗》记载，西西弗斯是科林斯城的建造者和国王，工于心计。希腊神话中最高阶的神宙斯十分喜爱美色，有一次他把河神伊索普斯的女儿伊琴娜掳走了。河神很着急，四处寻找女儿，并来到了科林斯。西西弗斯知道后，向河神提出了一个条件，如果他能够献出一条四季长流的河川，西西弗斯就向他告知伊琴娜的去向。

毫无疑问，西西弗斯的做法等于泄露了宙斯的秘密，惹得宙斯大怒。于是，宙斯就派死神普洛托将西

加缪

1913—1960

荒诞哲学及文学代表人物

代表作《西西弗斯的神话》

西弗斯打入冥间。没想到，西西弗斯使用计谋绑架了死神，导致人间很久都没有人死去。最后，死神被解救出来，西西弗斯因此下了地狱。

在去冥界之前，西西弗斯叮嘱妻子墨洛珀，不要把他的尸体埋葬。到了冥界后，西西弗斯告诉冥后帕尔赛福涅，一个没有被埋葬的人是没有资格待在冥界的，并请求给他三天时间去处理自己的后事。

就这样，西西弗斯再次看到了生机勃勃的大地，感受到阳光的美好，他再也不想回到那个阴森昏暗的地狱。冥王下了数次召唤和命令，西西弗斯仍不肯回去，于是诸神派使者去抓捕西西弗斯，再次将他投入狱。

西西弗斯三番五次地戏弄诸神，惹怒了众神和宙斯，他们决定判处西西弗斯永生永世待在冥界服苦役。西西弗斯要把一块巨石推上山顶，当石头被推上山顶后就会滚落下来，西西弗斯就得再次把它推上去……周而复始，年复一年，西西弗斯要痛苦地、无奈地重复这一劳动。

✒ 人生本无意义，但值得一过

加缪之所以把这个故事拿出来讲，是想借用它比喻人生的荒谬。

在漫长的一生中，希望不断出现，却又不断破灭。无论怎样努力生活、努力工作、努力找寻人生的意义，死亡最终都会将一切化为泡影。所以，每一次希望的终点，不过是新的折磨的起点而已。人从降临的那一天开始，命运就已经注定了只能是绝望与折磨。在周而复始的永恒轮回中，任何劳作的力量都是虚妄的，因为命运不存在终极的希望。

西西弗斯的石头，是永远无法完成的任务。

不过，加缪也从西西弗斯的故事中，领略到了另外的深意。他如是写道："诸神处罚西西弗斯不停地把巨石推向山顶，而石头再自己滚下山去，诸神认为再没有什么比这种重复的、无效的劳动更严厉的惩罚了。但西西弗斯无声的全部'快乐'就在于此。他的命运是他的，他的岩石是他的。当荒谬的人深思他的痛苦时，他就使一切偶像哑然失声。"

人生的意义不在于终极的归宿，而就在于这看似无意义的劳作中。世界的确很荒谬，但这不能阻止我们快乐，"快乐可以让我更加清晰地认识世界荒谬的本质"。人生就是无解的悖论，一方面生活是荒诞的，已知的一切都无妄无效，人也因此感到痛苦；另一方面人在荒谬中存在，接受了这样的生活，并从中得到了幸福，这便是西西弗斯式的幸福。

哲思语

① 祸福相依，世上没有全然不幸的人。

② 人生在世，永远也不该演戏作假。

③ 对未来的真正慷慨，是把一切献给现在。

幸福难以度量，人与人的苦乐并不相通

✒ 功利原则

边沁（1748—1832年）出生在英国伦敦，在伦敦大学学院历史上有重要地位，被公认为伦敦大学学院的"精神之父"。他原本想成为一名律师，后因对法律过于复杂的语言以及前后冲突感到不满，故而开始探究法律、道德与政治的本质和基础，最后发现，它们可以用一条单一的原则统一起来，即功利原则。

功利原则认为：对人来说，善就是趋乐避苦。这一原则，融入了哲学、社会和文化中，到现在依然有重要的价值和意义。边沁最值得肯定之处在于，他把法律条文、政治和伦理，全都写成了简单的功利话语，并只考虑一条原则：将人们的渴望最大化，将人们的担忧最小化。

功利主义的基础，是一条很简单的人性观，即边沁所说："自然将人类置于痛苦与快乐的统治之下，它们统治着我们的一切所做所言所想；我们为摆脱它们的支配而做的一切努力，最终都会更加凸显并证明它们的主宰。人们在言语上可能会假装不受它们的支配，可在事实上却仍旧对它们屈服。"

基于此，就产生了一条简单的道德准则：人应该做的是将快乐最大化，将痛苦最小化。边沁作为一个热衷于改革政治、法律和社会体制的人，就主张体制的建立都应当遵从这一准则。为此，他还设计了一座著名的"圆形监狱"，里面的犯人时刻受到当局的监视，便会自觉地做自己该做的事，也就是促进他们的最大利益，免受痛苦。

✒ 苦乐总值的计算

在道德实践中，该如何运用"最大多数人的最大幸福"这一功利原则呢?

边沁认为,这需要对苦乐进行计算和比较,从而决定人们的行为选择。

无论是个人还是利益相关者群体,倘若其快乐总值大于痛苦总值,依照功利主义标准,则表示行为具有良善的倾向,该行为符合功利原则;反之,则表示行为具有恶的倾向,该幸福不符合功利原则。如果要计算大多数人的最大幸福,可先计算个人的苦乐总值,再考虑由个体组成的社会共同的苦乐总值。

✒ 幸福的感受难以度量

边沁对苦乐的量的计算,可谓是一种创见,但回归到现实中,我们会发现,这是一种简单的、不科学的、缺乏可操作性的方法。

毕竟,个体的苦乐、幸福的感受本身是一种心理活动或状态,有主观性、相对性、不确定性、不稳定性,所以很难客观精确地度量和计算,且不同主体间的苦乐感受也不一样。

恰如阿拉斯戴尔·麦金太尔所言:"不同的快乐和幸福在很大程度上是不可通用的,不存在任何可用来衡量它们质量和数量的尺度。"

① 道德的最高原则就是使幸福最大化，使快乐总体上超过痛苦。

② 大多数人的最大幸福乃是判断是非的标准。

③ 太想伸手摘取星星的人，常常忘记脚下的鲜花。

正确的便是善的，善的行为可以增进幸福

约翰·斯图尔特·穆勒（1806—1873年）是19世纪英国著名的哲学家、经济学家、政治理论家。他早年接受的教育比较特殊，是父亲詹姆士·穆勒独自教导的，穆勒3岁学习希腊语，12岁就能协助父亲撰写政治经济学文章。

由于父亲的关系，穆勒从小就受到边沁的关爱与照顾，后来成为功利主义信徒。

他和边沁一样，也认为指引道德行为的根本原则应该是——快乐最大化和痛苦最小化。他主张：行为若能增进幸福便是正确的，若产生不幸则是错误的。幸福就

是指快乐和没有痛苦，而不幸是指痛苦和没有快乐。

不过，在20岁那年，穆勒经历了一场严重的精神危机，这让他开始反思功利主义那种冰冷的理性主义，并对功利主义的核心内涵产生了质疑。

穆勒认识到，边沁之前的理论中存在着两个问题。

第一，边沁在"幸福原则"中计算痛苦与快乐的相应数量时，把好处和坏处按照等值单位来衡量，这完全是在做定量分析，而忽略了一些特性因素。

失去一位挚爱的亲人，和失去一只心爱的宠物，痛苦是无法等同的，但在其他情况下或者对其他人而言，也许可以相提并论，然而边沁的计算方法却没有考虑到这一点。

第二，穆勒坚信，有些快乐比其他的快乐价值更高。

他说："宁愿做不满足的人，也不做满足的猪；宁愿做不满足的苏格拉底，也不做满足的蠢人。"他把快乐进行了"低级"与"高级"之分，并纳入到功利主义计算的考量中。

不少人对穆勒的阐释进行了抨击，但这些批评是因为他们在理解穆勒的功利主义时，脱离了他的整体思想。

现代批评家认为，穆勒的伦理原则太过严苛，如果每天的行为都要达到增加快乐、减少痛苦的目标，那我们的日常行为似乎都变得不道德了。如果要按照穆勒的伦理学来生活，那得把自己所有的收入都捐给慈善机构，这样的行为是否能增进幸福、减少不幸呢？

实际上，这种批评忽略了一个重要的方面，那就是穆勒思想的大语境中清楚地区分了什么是正确的、什么是善的。穆勒从来也没有说过，我们必须始终强迫自己的行为符合善，可我们应该知道：正确的便是善的，善的便是能增进所有人最大幸福的。

哲思语

① 个人的自由，以不侵犯他人的自由为自由。

② 任何道德规则，如果没有相应的人性基础，从而是大多数人做不到的，那么就会变成虚伪的说教。

③ 当你身边的人都陷入绝望时，你应该看到希望；当你身边的人满怀希望时，你则应该意识到潜在的危险。

事物不能拂乱灵魂，人生不过一种意见

✒ 君主哲学家

公元161年3月7日，马可·奥勒留（121—180年）继位成为古罗马时代的第五个皇帝，拥有了皇帝专有的恺撒称号。奥勒留当上皇帝后，帝国开始出现衰落的征兆，他在执政的岁月里，多半时间都是在马背上度过的。他奔走于帝国各地抚恤民情，到帝国的边疆抵御外敌，凭借个人的努力，他维持住了帝国的基本稳定，减缓了罗马帝国衰落的步伐。

奥勒留不仅是一个智慧的君主，还是一个很有造诣的思想家。

他是斯多葛学派的代表人物之一，众所周知，斯多葛派的哲学讲究清净和心灵的安定，要求人们坦然地面对自然的种种纷扰。然而，奥勒留的帝国的状况以及他的皇帝身份，让他无法避免地要卷入一些哲人不想去面对的事情。就像罗素说的那样："奥勒留是一个悲怆的人，在一系列必须加以抗拒的欲望里，他感到最具有吸引力的就是想要隐退，去过一种宁静的乡村生活的那种愿望。但是实现这种愿望的机会始终没有来临。"

面对这样的现实，奥勒留只能从自己的内心深处，从斯多葛学派的哲学思想中，寻找慰藉。他为平定边疆动乱而征战四方，辛苦至极，可即便如此，他也会在片刻闲暇时，写下与自己心灵的对话，从而著成了永传后世的《沉思录》。

✒ 人生不过一种意见

斯多葛派认为：整个宇宙是一个神，一个心灵，它分配给每一个人以灵魂。人应当摒弃肉体的享受，去完善自己的灵魂。奥勒留十分向往这种高尚的生活，他的志向不在于能成为一个万人之上的皇帝，而是要成为一个宇宙公民。

世俗中的人们常常认为，内心的痛苦不安源自外物的诱惑和违逆，奥勒留告诉人们，这是不确定的，甚至是自欺欺人的，是逃避人生的借口。

他信奉两条格言：事物不能拂乱灵魂；人生不过一种意见。

如果生活让你感到痛苦，那就去反省并去除自己的意见和观念，是它们使你痛苦，而不是生活本身。一切事物说到底都是一种意见，只要你愿意，都能被你的思想所支配。

① 永远记得，你不需要拥有很多，就能拥有一个快乐的生活。

② 我们的思想价值决定着我们的生活价值，因为生活是思想衍生出来的。

③ 绝不要去猜测别人的心里在想什么，琢磨别人心思的人，从来不是幸福的人。

④ 一个人不管别人的言行思想是否正确，只管注意自己的行为是否正确，那么这个人的生涯将是何等丰富。

保持"不动心"的态度，便能寻得幸福

哲学家皮浪曾经与弟子们一起乘船远行。

途中，他们遭遇了风暴，弟子们惊慌失措、战战兢兢，还有人痛哭流涕地向神灵祈祷，只有皮浪面不改色，倚靠着船舷若无其事地哼着乐曲。

有弟子问他：“老师为何如此镇定无畏？”他指着船角一头正在安安静静进食的猪说：“你看，它是多么平静，它何尝有半点恐惧？”

弟子说：“可它是畜生啊！”皮浪笑道：“它是畜生，可它此时此刻的表现不是比人更冷静吗？聪明的人起码应该做到像它一样临危不惧，面对风浪毫不动心啊！”

弟子点点头，周围的惊呼声也渐渐平息了下去。

✒ “不动心”

皮浪说的“不动心”，有两种解释：

第一种是完全消极的状态，既无思想和情感上的冲动，也无积极的作为，比如在遭遇风浪时，那份若无其事的淡定，这才是哲人该有的态度；

第二种是随遇而安的态度，即平常心，并非哲人才能达到的境界。

皮浪并不是为了怀疑而怀疑，他对一切事物秉持怀疑的态度，不做任何判断，是为了保持不动心的状态，带来灵魂的安宁。他认为，生活的目标是灵魂的安宁，灵魂的安宁源自不动心的态度，不动心便能追寻到真正的幸福。

曾有人问过皮浪："没有理论和信仰的生活如何可能？能够保证幸福吗？"

皮浪给出的回答是："有理论、有信仰的生活就一定意味着幸福吗？"

看似没有回答，实则却也给出了答案。

人们感到不幸的原因往往就是想法太多，总认为一种生活比另一种生活更有价值，心灵始终处于焦虑、烦恼的状态。在他看来，幸福就是不断地放弃各种主义、信仰所产生的心灵的宁静。皮浪一辈子跟姐姐生活在一起，每日做着乏味无奇的家务活，他向世人例示了一种无须任何说教也能恬淡幸福的生活，这种不动心的态度也让他活到了90岁高龄。

哲思语

最高的善就是不做任何判断，随着这种态度而来的就是灵魂的安宁，就像影子随着形体一样。

让灵魂安宁，用理性找到发自内心的快乐

✒ 德性论

亚里士多德十分关注人生幸福的问题。在他看来，幸福是一切选择所趋向的最高目的的完满实现，他将幸福规定为"至善"，强调幸福是符合德性的现实活动。

亚里士多德将善分为三类：外在的善，身体的善，灵魂的善。相比前两者，灵魂的善是最高的善，是主要的善。在他看来，外在的善并不是幸福，尽管幸福需要它来作为补充。真正的幸福在于灵魂的善，内在的善，是合乎理性的现实活动。就这一点来说，亚里士多德将幸福和与感官快乐等同的快乐论观点区别开来，使得他的思想学说具有了德性论的特点。

幸福是符合德性的现实活动，这一点可以从两方面来理解。

其一，幸福与德性息息相关。

一个人生活得幸福与否，要看他在生活中的行为是否合乎德性。德性是善，只有善的生活才是幸福的生活。

其二，幸福是通过活动实现的，德性不能停留在对

亚里士多德

公元前 384—前 322 年

希腊哲学集大成者

代表作《形而上学》和《论灵魂》

德性的认知上，而是体现在行动上。

他说："我们做公正的事情才能成为公正的，进行节制才能成为节制的，表现勇敢才能成为勇敢的。"同时，这种活动不是偶而为之的，"在一生中都须合乎德性，一只燕子造不成春天或一个白昼，一天或短时间的德性，不能给人带来至福或幸福。"

亚里士多德的德性幸福论，不仅仅停留在个人的安身立命和幸福上，还探究了治国和国家幸福的问题。在他看来，伦理与政治紧密相关，政治学研究的是国家的善，伦理学研究的是个人的善，当所有的公民都具备了善的品德，那么国家才能成为最好的。

✒ 寻求心灵的安宁

关于幸福与快乐的关系，亚里士多德认为：外在的物质只是幸福生活的必要条件，心灵的安宁与自足才是充分条件。快乐，是要发挥理智德性，赶走灵魂的痛苦，让灵魂安宁、平和、不受侵扰，用理性找到本性上令人愉悦的东西，发自内心的快乐，才可以称为幸福。

尽管古希腊和亚里士多德的幸福观有其不可避免

的时代和阶级的局限性，毕竟它们都是奴隶制时代的产物，但这并不影响我们对其合理性因素的借鉴。

① 一个纵情恣乐毫无节制的人，会变成放荡的人。

② 最高贵的便是正义，最好的便是健康，最快乐的便是最满足。

③ 放松与娱乐，被认为是生活中不可缺少的要素。

婚姻就像鞋子，合不合脚只有自己知道

现代人常常把婚姻比作鞋子，其实这个比喻在古希腊时期，就已经被巴门尼德用过了。

相传，他跟贤良淑德的妻子离婚后，不少朋友都替他妻子惋惜，说如此尽善尽美的妻子，竟然被他抛弃了，他实在很过分。

为此，有的朋友特意找到巴门尼德，质问他："是不是你的妻子不够贞洁？"

巴门尼德摇摇头，说不是。

"是不是你嫌弃她不够漂亮，心有他属了？"

巴门尼德依然摇头否认。

"难道是因为她不能为你生儿育女？"

巴门尼德矢口否认。

他的冷漠和沉默让朋友很恼火，对方逼着他给出一个理由。

只见，巴门尼德拿出一只鞋子，问朋友："你说，这只鞋子怎么样？"

朋友拿在手里，仔细瞧了瞧，说做工很精细。

巴门尼德又问："你说，这只鞋子新不新？"

朋友点点头，说一看就知道没有穿过。

这时，巴门尼德说："可我就是穿着这双鞋不舒服，你能说清楚这只鞋子到底是哪儿夹我的脚了吗？"

朋友哑口无言，终于理解了巴门尼德的苦衷。

哲思语

为了看看阳光，我来到世上。

把眼前的麦穗拿在手里，才是实实在在的

有一次，苏格拉底带着几个弟子来到一块麦地边，当时正值小麦成熟的季节，地里全都是沉甸甸的麦穗。苏格拉底对弟子们说："你们到地里摘一个最大的麦穗，但记住，只能往前走不能回头。我在麦地的那头等你们。"

弟子们按照老师的要求，陆续走进了麦地。地里全是大麦穗，到底哪个最大呢？弟子们看看这个，摇摇头，看看那个，又摇摇头，总觉得不够好，前面还有更大的。尽管有人也摘了几个麦穗，可并不太满意，就随手扔掉了，想着前面还有那么多，不必要马上定夺。

弟子们一边低头往前走，一边用心地挑挑拣拣，时间很快就过去了。突然，大家听到苏格拉底苍老的、如洪钟一般的声音："已经到头了。"这时，两手空空的弟子们才如梦初醒。

苏格拉底对弟子们说："这块麦地里肯定有最大、最饱满的一个麦穗，但你们未必能碰见它；即使碰见了，也未必能做出准确的判断。所以，最大的麦穗，就是你们刚刚摘下的。"

通过这件事，苏格拉底告诉弟子们：人的一生如同在麦地中行走，总在寻找最大的一粒麦穗。有人看见了那颗饱满的"麦穗"，不失时机地摘下它；有人东张西望，一再错失良机。其实，人可以去追求最大的，但只有把眼前的麦穗拿在手里，才是实实在在的。

哲思语

如果把世上每一个人的痛苦放在一起让你选择，你可能还是愿意选择自己原来的那一份。